Léopold Guyot

Connaître Dieu - Tome 3

Léopold Guyot

Connaître Dieu - Tome 3
La connaissance indispensable

Éditions Croix du Salut

Impressum / Mentions légales

Bibliografische Information der Deutschen Nationalbibliothek: Die Deutsche Nationalbibliothek verzeichnet diese Publikation in der Deutschen Nationalbibliografie; detaillierte bibliografische Daten sind im Internet über http://dnb.d-nb.de abrufbar.

Alle in diesem Buch genannten Marken und Produktnamen unterliegen warenzeichen-, marken- oder patentrechtlichem Schutz bzw. sind Warenzeichen oder eingetragene Warenzeichen der jeweiligen Inhaber. Die Wiedergabe von Marken, Produktnamen, Gebrauchsnamen, Handelsnamen, Warenbezeichnungen u.s.w. in diesem Werk berechtigt auch ohne besondere Kennzeichnung nicht zu der Annahme, dass solche Namen im Sinne der Warenzeichen- und Markenschutzgesetzgebung als frei zu betrachten wären und daher von jedermann benutzt werden dürften.

Information bibliographique publiée par la Deutsche Nationalbibliothek: La Deutsche Nationalbibliothek inscrit cette publication à la Deutsche Nationalbibliografie; des données bibliographiques détaillées sont disponibles sur internet à l'adresse http://dnb.d-nb.de.

Toutes marques et noms de produits mentionnés dans ce livre demeurent sous la protection des marques, des marques déposées et des brevets, et sont des marques ou des marques déposées de leurs détenteurs respectifs. L'utilisation des marques, noms de produits, noms communs, noms commerciaux, descriptions de produits, etc, même sans qu'ils soient mentionnés de façon particulière dans ce livre ne signifie en aucune façon que ces noms peuvent être utilisés sans restriction à l'égard de la législation pour la protection des marques et des marques déposées et pourraient donc être utilisés par quiconque.

Coverbild / Photo de couverture: www.ingimage.com

Verlag / Editeur:
Éditions Croix du Salut
ist ein Imprint der / est une marque déposée de
OmniScriptum GmbH & Co. KG
Bahnhofstraße 28, 66111 Saarbrücken, Deutschland / Allemagne
Email: info@editions-croix.com

Herstellung: siehe letzte Seite /
Impression: voir la dernière page
ISBN: 978-3-8416-9849-0

Copyright / Droit d'auteur © 2012 OmniScriptum GmbH & Co. KG
Alle Rechte vorbehalten. / Tous droits réservés. Saarbrücken 2012

Connaître Dieu

La connaissance indispensable

Volume 3

Introduction

Avec ce volume se termine la série des chapitres sur "Connaître Dieu". On peut affirmer que mieux nous le connaissons plus notre notre confiance en lui et notre relation avec lui s'approfondissent et s'enrichissent de sentiments d'affection, d'attachement, de respect, ainsi que du désir de lui plaire toujours davantage en nous abstenant de faire ce qui lui déplait et en nous efforçant de pratiquer ce qui lui est agréable.

Table des Matières

- Introduction..2
- Chapitre 1 - Yahvé-Raah, L'Éternel mon berger...5
  - L'Éternel est un berger...5
  - Dieu un bon berger 8
  - Jésus le bon berger...8
  - Dieu établit des bergers pour paître ses brebis...10
  - Conclusion..11
- Chapitre 2 - Le repos de Dieu..12
  - Des œuvres inutiles...13
  - Des bonnes œuvres..15
  - Premièrement les œuvres de la foi..15
  - Ensuite les œuvres de la charité..16
  - Puis les œuvres de notre justice, la sanctification..16
  - Enfin les œuvres dont Jésus parle lorsqu'ils dit :...16
- Chapitre 3 - La demeure de Dieu...18
  - En nous..18
  - La conscience de la présence de Dieu en nous...20
  - Le fruit que l'Esprit produit en nous est aussi le résultat de sa présence................21
  - La manifestation du Saint-Esprit est un témoignage évident de la présence de Dieu................22
  - Le temple de Dieu est saint...23
  - Une condition essentielle : l'amour 23
  - Conclusion..24
- Chapitre 4 - La présence active de Dieu..25
  - Dieu aurait-il changé ?..28
  - Croire et prier pour que Dieu agisse...29
  - Prie ton Père qui est là ... Matthieu 6.6..31
- Chapitre 5 - Celui qui peut..33
  - Dieu peut faire 33
  - Par la puissance qui agit en nous 34
  - Au delà de tout ce que nous demandons ou pensons... 35
  - Ce que Dieu peut faire 36
  - Au delà de tout ce que nous demandons et pensons !..38
- Chapitre 6 - Les yeux ouverts..41
  - Nous avons un riche héritage..44
  - Nous avons un Dieu puissant..44
  - Nous qui croyons..45
- Chapitre 7 - La souveraineté de Dieu..47
  - Dieu est souverain..48
  - Dieu est souverain dans le gouvernement du monde...48
  - Dieu contrôle tout ce qui se passe sur la terre et dans les cieux.............................48
  - Dieu est souverain pour le salut des êtres humains..52
  - Dieu est souverain dans le gouvernement de l'Église..52
  - Dieu est souverain pour notre propre vie...54
  - Non je ne suis pas un accident ! Vous n'êtres pas un accident ! 55
- Chapitre 8 - La gloire de Dieu 58
  - Des hommes ont vu la gloire de l'Éternel Dieu et en ont rendu témoignage :.......60
  - Dieu veut être glorifier..65
- Conclusion 68

Chapitre 1 - Yahvé-Raah, L'Éternel mon berger

Le psalmiste, inspiré par le Saint-Esprit, associe au nom de Éternel le qualificatif de Berger, comme l'un de ses attributs permanents. Psaume 23

L'Éternel est un berger

Dieu s'est fait connaître au peuple d'Israël comme le Berger qui le conduit et qui prend soin de lui. Les prophètes, les psalmistes et les croyants de l'Ancienne Alliance le reconnaissaient. Leur témoignage est présent dans de nombreux passages des Ecritures. En voici quelques uns :

> *"Tu as conduit ton peuple comme un troupeau, par l'intermédiaire de Moïse et d'Aaron." Psaumes 77:20*

> *"Il fit partir son peuple comme des brebis, Il les conduisit comme un troupeau dans le désert." Psaumes 78:52*

> *"Au chef des chantres. Sur les lis lyriques. D'Asaph. Psaume. Prête l'oreille, berger d'Israël, Toi qui conduis Joseph comme un troupeau! Parais dans ta splendeur, Toi qui es assis sur les chérubins!" Psaumes 80:1*

Esaïe le prophète inspiré par l'Esprit de Dieu écrit des mots qui expriment l'amour et la tendresse du Dieu Berger :

> *"Comme un berger, il paîtra son troupeau, Il prendra les agneaux dans ses bras, Et les portera dans son sein; Il conduira les brebis qui allaitent." Esaïe 40:11*

Cependant, Dieu n'est pas seulement le Berger d'un peuple, d'un troupeau en général, mais aussi en particulier de chaque personne qui se confie en Lui.

David l'exprime très bien en proclamant sa grande confiance dans la sollicitude, la providence et la vigilance du Seigneur à son égard. Il composa ce cantique en l'honneur de son Berger fidèle :

> *Cantique de David. L'Eternel est mon berger: je ne manquerai de rien.*
>
> *Il me fait reposer dans de verts pâturages, Il me dirige près des eaux paisibles.*

Il restaure mon âme, Il me conduit dans les sentiers de la justice, A cause de son nom.

Quand je marche dans la vallée de l'ombre de la mort, Je ne crains aucun mal, car tu es avec moi: Ta houlette et ton bâton me rassurent.

Tu dresses devant moi une table, En face de mes adversaires; Tu oins d'huile ma tête, Et ma coupe déborde.

Oui, le bonheur et la grâce m'accompagneront Tous les jours de ma vie, Et j'habiterai dans la maison de l'Eternel Jusqu'à la fin de mes jours. Psaume 23

La confiance de David était le fruit de la relation personnelle et constante qu'il entretenait avec "son" Dieu. Elle reposait sur la connaissance du Seigneur qu'il avait acquise par différents moyens :

. l'observation des choses naturelles. Psaume 8.3 - 19.1 - etc.

. la méditation des Écritures : Psaume 119,

. la communion avec le Saint-Esprit qui l'animait et l'inspirait : 2 Samuel 23:2

Il fut oint toute sa vie par l'Esprit de Dieu. *"Samuel prit la corne d'huile, et l'oignit au milieu de ses frères. L'esprit de Éternel saisit David, à partir de ce jour et dans la suite. 1 Samuel 16:13*

Ce n'est pas le privilège exclusif de David ou de certaines personnes. Chacun peut, s'il le désire, connaître Dieu comme son Berger en suivant l'exemple du Psalmiste.

La confiance de David ne consistait pas uniquement à chercher la protection et la bénédiction de Dieu. Il vivait une réelle relation de communion avec Lui.

Malgré ses chutes, parfois tragiques, il restait dépendant de Éternel. Les psaumes qu'il a écrits sont un modèle d'humilité, de crainte de Dieu, de totale confiance et de véritable obéissance. En lisant ce qui le concerne dans la Bible, on voit que dès son jeune âge il se confiait en Éternel : *"Car tu es mon espoir, Seigneur DIEU, c'est à toi que je me fie depuis ma jeunesse." Psaumes 71:5*

Dieu lui a rendu un magnifique témoignage par ces paroles : *"J'ai trouvé David, fils d'Isaï, homme selon mon cœur, qui accomplira toutes mes volontés." Actes 13:22*

Il est intéressant de remarquer que David était au départ un berger et que, d'une certaine manière, il le demeura toute sa vie. Il fut un roi-berger. Il connaissait par expérience la nature et la tâche du véritable berger.

> *"Il choisit David, son serviteur, Et il le tira des bergeries; Il le prit derrière les brebis qui allaitent, Pour lui faire paître Jacob, son peuple, Et Israël, son héritage. Et David les dirigea avec un cœur intègre, Et les conduisit avec des mains intelligentes." Psaumes 78:70-72*

Ainsi lorsqu'il exprime sa confiance en l'Éternel en disant : Le Seigneur est "mon" berger, il sait quelle est la nature d'un vrai berger préoccupé du bien être de son troupeau et de chacune de ses brebis.

Certes, David a commis des fautes graves dont il a du subir les conséquences à la mesure de ses péchés, entre autres les nombreux drames impliquant ses enfants : inceste, meurtre, révolte, mort brutale ...Mais il n'a jamais désespéré de la miséricorde de Dieu, même pour les péchés les plus graves. Il a toujours su revenir dans une repentance sincère et profonde : Psaume 51.

Psaume de David. Lorsque Nathan, le prophète, vint à lui, après que David fut allé vers Bath-Schéba.

> *O Dieu! aie pitié de moi dans ta bonté; Selon ta grande miséricorde, efface mes transgressions;*
>
> *Lave-moi complètement de mon iniquité, Et purifie-moi de mon péché.*
>
> *Car je reconnais mes transgressions, Et mon péché est constamment devant moi ...*
>
> *Détourne ton regard de mes péchés, Efface toutes mes iniquités.*
>
> *O Dieu! crée en moi un coeur pur, Renouvelle en moi un esprit bien disposé.*
>
> *Ne me rejette pas loin de ta face, Ne me retire pas ton esprit saint.*

Finalement, même dans les moments les plus sombres de son existence il a toujours considéré son rapport avec Dieu comme celui d'une brebis avec son berger d'une manière très personnelle.

Dieu un bon berger

David sait décrire la nature bienveillante, attentive, généreuse et fidèle du Céleste et Divin Berger. Le Psaume 23 révèle Dieu dans son rôle de Berger :

Celui qui prend parfaitement soin de ses brebis, qui veille sur chacune d'elle, qui les conduit dans les meilleures conditions afin qu'elles soient nourries d'une nourriture excellente, , abreuvées d'une eau pure et fraîche, protégées, en paix et heureuses.

Dans un passage sublime du livre du prophète Ézéchiel, Dieu se présente comme le meilleur des bergers, à la fois vigilant, bienveillant et bon, fidèle et juste.

> *"Car ainsi parle le Seigneur, Éternel: Voici, j'aurai soin moi-même de mes brebis, et j'en ferai la revue. Comme un pasteur inspecte son troupeau quand il est au milieu de ses brebis éparses, ainsi je ferai la revue de mes brebis, et je les recueillerai de tous les lieux où elles ont été dispersées au jour des nuages et de l'obscurité. Je les retirerai d'entre les peuples, je les rassemblerai des diverses contrées, et je les ramènerai dans leur pays; je les ferai paître sur les montagnes d'Israël, le long des ruisseaux, et dans tous les lieux habités du pays. Je les ferai paître dans un bon pâturage, et leur demeure sera sur les montagnes élevées d'Israël; là elles reposeront dans un agréable asile, et elles auront de gras pâturages sur les montagnes d'Israël. C'est moi qui ferai paître mes brebis, c'est moi qui les ferai reposer, dit le Seigneur, Éternel. Je chercherai celle qui était perdue, je ramènerai celle qui était égarée, je panserai celle qui est blessée, et je fortifierai celle qui est malade. Mais je détruirai celles qui sont grasses et vigoureuses. Je veux les paître avec justice. Et vous, mes brebis, ainsi parle le Seigneur, Éternel: Voici, je jugerai entre brebis et brebis, entre béliers et boucs." Ézéchiel 34.11/17*

Cette prophétie décrit les sentiments du cœur de Dieu.

> *"Je chercherai celle qui était perdue, je ramènerai celle qui était égarée, je panserai celle qui est blessée, et je fortifierai celle qui est malade. Mais je détruirai celles qui sont grasses et vigoureuses. Je veux les paître avec justice."*

Jésus le bon berger

Nous avons vu que Dieu est le berger d'Israël, mais le Nouveau Testament révèle un autre Berger pour un autre peuple dans une nouvelle alliance : Le Seigneur Jésus-

Christ le berger de l'Église et de chacun de ceux et de celles qui croient en Lui.

Il s'est présenté lui-même comme Celui à qui Dieu son Père a confié des hommes et des femmes qu'il appelle ses brebis afin qu'il les sauve et en prenne soin.

Mon Père me les a donnés, Jean 10:29

Je suis le bon berger. Le bon berger donne sa vie pour ses brebis. Jean 10:11

Jésus, le fils de Dieu, est notre berger. Nous pouvons aussi lui appliquer le psaume 23 :

Le Seigneur est mon berger: je ne manquerai de rien.

Il me fait reposer dans de verts pâturages, Il me dirige près des eaux paisibles.

Il restaure mon âme, Il me conduit dans les sentiers de la justice, A cause de son nom.

Il dit qu'il est venu *afin que les brebis aient la vie, et qu'elles soient dans l'abondance." Jean 10.9/10*

"Venez à moi, vous tous qui êtes fatigués et chargés, et je vous donnerai du repos. Prenez mon joug sur vous et recevez mes instructions, car je suis doux et humble de cœur; et vous trouverez du repos pour vos âmes. Car mon joug est doux, et mon fardeau léger." Matthieu 11.28/30

Il nous faut être conscients de notre dépendance du Seigneur Jésus-Christ pour notre salut, pour la vie éternelle et aussi pour notre cheminement terrestre quotidien.

"Mes brebis entendent ma voix; je les connais, et elles me suivent. e leur donne la vie éternelle; et elles ne périront jamais, et personne ne les ravira de ma main." Jean 10.27/28

David savait reconnaître sa dépendance de Dieu comme la brebis qui a besoin du berger : *"Je suis errant comme une brebis perdue; cherche ton serviteur, Car je n'oublie point tes commandements." Psaumes 119:176*

Nous aussi, *"Nous étions comme des brebis sans berger, errantes et perdues et suivant notre propre voie, mais maintenant nous sommes retournés vers le pasteur et le gardien de nos âmes." 1 Pierre 2:25 - Esaïe 53.6*

Jésus est notre berger. C'est le sujet d'un dossier complet de pasteurweb sur "La connaissance de Jésus-Christ"

Dieu établit des bergers pour paître ses brebis

Nous avons vu ci-dessus que Jésus est le souverain berger des brebis de Dieu. On peut dire qu'il est le chef d'autres bergers à qui il confie le soin de veiller sur ceux qui ont cru en lui ::

> *Veillez donc sur vous-mêmes et sur tout le troupeau de l'Eglise que le Saint-Esprit a confié à votre garde. Comme de bons bergers, prenez soin de l'Eglise de Dieu qu'il s'est acquise par son sacrifice. Actes 20:28*

> *Comme des bergers, prenez soin du troupeau de Dieu qui vous a été confié. Veillez sur lui, non par devoir, mais de plein gré, comme Dieu le désire. Faites-le, non comme si vous y étiez contraints, mais par dévouement. N'exercez pas un pouvoir autoritaire sur ceux qui ont été confiés à vos soins, mais soyez les modèles du troupeau. 1 Pierre 5:2*

Cependant au dessus de ces bergers Dieu continue de veiller sur chacun de ceux qui sont à Lui. Il est en est le Seigneur qui est attentif à la façon dont ceux à qui il confie ses brebis s'acquittent de leur tâche :

> *C'est pourquoi, bergers, écoutez la parole de l'Eternel :*

> *Aussi vrai que je suis vivant, le Seigneur, l'Eternel, le déclare, parce que mes brebis ont été abandonnées au pillage, qu'elles sont devenues la proie de toutes les bêtes sauvages, faute de berger, et que ceux-ci n'ont pas pris soin d' elles, mais qu'ils se sont occupés d'eux-mêmes au lieu de faire paître le troupeau, à cause de cela, bergers, écoutez la parole de l'Eternel :*

> *Voici ce que le Seigneur, l'Eternel, déclare : Je vais m'en prendre à ces bergers, je leur redemanderai mes brebis, et je leur enlèverai la responsabilité du troupeau. Ainsi, ils cesseront de se repaître eux-mêmes. Je délivrerai mon troupeau de leur bouche, et elles ne leur serviront plus de nourriture.*

> *Voici ce que déclare le Seigneur, l'Eternel : Je vais moi-même venir m' occuper de mon troupeau et en prendre soin. Ezéchiel 34.7*

Ainsi, au delà de notre relation avec ceux qui comme nous appartiennent au troupeau de Dieu quelques soient les responsabilités que le Seigneur leur a confiées, nous avons le privilège d'une réelle communion avec le Dieu Berger et avec Celui par qui nous recevons la vie éternelle, le Seigneur Jésus-Christ.

Mes brebis entendent ma voix; je les connais, et elles me suivent.

Je leur donne la vie éternelle; et elles ne périront jamais, et personne ne les ravira de ma main.

Mon Père, qui me les a données, est plus grand que tous; et personne ne peut les ravir de la main de mon Père.

Moi et le Père nous sommes un. Jean 10.27

Conclusion

Le but de cette exhortation est double :

Premièrement, encourager les brebis du Seigneur à mettre toute leur confiance en Dieu et en Jésus que le Père a établi pour être le berger de ceux qu'il a rachetés par son sang.

Ensuite, exhorter les bergers des églises afin qu'ils prennent pour modèle le Seigneur qui les établit. Le ministère pastoral est un don de Christ et lorsqu'il est bien exercé il reflète la nature de son auteur : le Souverain Pasteur des brebis (voir l'étude : Le ministère pastoral).

L'apôtre Pierre écrit à ce sujet *"Je m'adresse maintenant à ceux qui, parmi vous, sont anciens d'Église. Je suis ancien moi aussi ; je suis témoin des souffrances du Christ et j'aurai part à la gloire qui va être révélée. Voici ce que je leur demande : prenez soin comme des bergers du troupeau que Dieu vous a confié, veillez sur lui non par obligation, mais de bon cœur, comme Dieu le désire. Agissez non par désir de vous enrichir, mais par dévouement. Ne cherchez pas à dominer ceux qui ont été confiés à votre garde, mais soyez des modèles pour le troupeau. Et quand le Chef des bergers paraîtra, vous recevrez la couronne glorieuse qui ne perdra jamais son éclat."* 1 Pierre 5.1/4

Chapitre 2 - Le repos de Dieu

Les Ecritures Saintes font mention de différents "repos" :

Celui que Jésus accorde à ceux qui viennent à Lui : *Venez à moi, vous tous qui êtes fatigués et chargés, et je vous donnerai du repos.*
Prenez mon joug sur vous et recevez mes instructions, car je suis doux et humble de cœur; et vous trouverez du repos pour vos âmes. Matthieu 11.28

Il y a aussi "le repos" dans lequel entrent ceux qui meurent dans le Seigneur en attendant la résurrection de leur corps.

> *J'entendis du ciel une voix qui disait : Ecris : Heureux les morts, ceux qui meurent dans le Seigneur, dès maintenant ! Oui, dit l'Esprit, qu'ils se reposent de leurs travaux, car leurs œuvres les suivent. Apocalypse 14:13*

Enfin il y a un repos appelé "repos de Dieu" selon cette parole de l'Ecriture : *Il y a donc un repos de sabbat réservé au peuple de Dieu. Car celui qui entre dans le repos de Dieu se repose de ses oeuvres, comme Dieu s'est reposé des siennes. Efforçons-nous donc d'entrer dans ce repos. Hébreux 4.9*

Ce passage fait référence à ce qui est écrit dans le livre de la Genèse : *Dieu, après avoir achevé son œuvre, se reposa le septième jour de tout son travail. Il fit de ce septième jour un jour béni, un jour qui lui est réservé, car il s'y reposa de tout son travail de Créateur. Genèse 2.2*

Ces paroles se retrouvent en Exode lorsque l'Eternel donna ses lois à Moïse pour Israël : *Car en six jours, l'Eternel a fait le ciel, la terre, la mer, et tout ce qui s'y trouve, mais le septième jour, il s'est reposé. C'est pourquoi l'Eternel a béni le jour du sabbat et en a fait un jour qui lui est consacré. Exode 20:11*

C'est sur le modèle divin que le sabbat fut institué pour Israël. Le peuple ne devait faire aucune œuvre ce jour là. c'était un jour consacré à l'Eternel, un temps de service pour Dieu, le culte.

Aujourd'hui, les chrétiens observent le dimanche en mémoire de la résurrection de Jésus, mais on ne peut pas dire que ce jour remplace le sabbat établi par la loi de Moïse pour Israël.

Le repos dont il est question dans notre texte de référence est appelé "le repos de Dieu" : *"Car celui qui entre dans le repos de Dieu se repose de ses œuvres, comme Dieu s'est reposé des siennes." Hébreux 4.9/ 11*

Il s'agit d'un repos particulier qui n'exclut pas certaines activités, mais qui concerne certaines œuvres appelées "les œuvres de la loi'.

Des œuvres inutiles

Celles que la loi de l'Ancienne Alliance de l'Eternel avec le peuple d'Israël ordonnait afin d'acquérir les bénédictions divines, comme il est écrit : *Vous observerez mes lois et mes ordonnances: l'homme qui les mettra en pratique vivra par elles. Je suis l'Eternel. Lévitique 18:5*

Or une Nouvelle Alliance a été établie en Jésus-Christ, fondée sur un autre principe : Celui de la foi.

> *Car c'est par la grâce que vous êtes sauvés, par le moyen de la foi. Et cela ne vient pas de vous, c'est le don de Dieu.*
>
> *Ce n'est point par les œuvres, afin que personne ne se glorifie. Ephésiens 2.8*

Entrer dans le repos de Dieu c'est entrer dans le salut que Dieu nous accorde par grâce, par le moyen de la foi , sans la pratique d'œuvres auxquelles nous pourrions attribuer quelques mérites.

L'apôtre Paul écrit au sujet de ceux qui cherchent à être justifiés (sauvés) par les œuvres de la loi :

> *"Je leur rends le témoignage qu'ils ont du zèle pour Dieu, mais sans intelligence: ne connaissant pas la justice de Dieu, et cherchant à établir leur propre justice, ils ne se sont pas soumis à la justice de Dieu; car Christ est la fin de la loi, pour la justification de tous ceux qui croient. En effet, Moïse définit ainsi la justice qui vient de la loi: L'homme qui mettra ces choses en pratique vivra par elles. Mais voici comment parle la justice qui vient de la foi: Ne dis pas en ton cœur: Qui montera au ciel? c'est en faire descendre Christ; ou: Qui descendra dans l'abîme? c'est faire remonter Christ d'entre les morts. Que dit-elle donc? La parole est près de toi, dans ta bouche et dans ton cœur. Or, c'est la parole de la foi, que nous prêchons. Si tu confesses de ta bouche le Seigneur Jésus, et si tu crois dans ton cœur que Dieu l'a ressuscité des morts, tu seras sauvé. Car c'est en croyant du cœur qu'on parvient à la justice, et c'est en confessant de la bouche qu'on parvient au salut, selon ce que dit l'Écriture: Quiconque croit en lui ne sera point confus." Romains 10:2-11.*

C'est de ces œuvres de la loi dont il s'agit de se reposer en se confiant dans la grâce de Dieu pour être justifiés de nos péchés, lavés, purifiés, par la seule valeur du sang de son Fils Jésus. Ce repos est le sabbat de Dieu pour ceux qui ont cru.

> *"Pour nous qui avons cru, nous entrons dans le repos." Hébreux 4:3.*

Tout ce qui s'obtient par la foi ne dépend pas d'œuvres méritoires qui seraient comme un prix à payer en échange d'un don de Dieu. Or les dons de Dieu sont gratuits, ils dépendent de la foi. que c eosit le salut de nos âme, la vie ternelle, les dons de l'Esprit o l'exaucement de la prière, tout est reçu de Dieu par le moyen de la foi et au Nom de Jésus-Christ.

> *...le don gratuit de Dieu, c'est la vie éternelle en Jésus-Christ notre Seigneur." Romains 6:23.*

> *"Ce n'est point par les œuvres, afin que personne ne se glorifie." Éphésiens 2:9.*

> *"Lorsque la bonté de Dieu notre Sauveur et son amour pour les hommes ont été manifestés, il nous a sauvés, non à cause des œuvres de justice que nous aurions faites, mais selon sa miséricorde, par le baptême de la régénération et le renouvellement du Saint-Esprit, qu'il a répandu sur nous avec abondance par Jésus-Christ notre Sauveur, afin que, justifiés par sa grâce, nous devenions, en espérance, héritiers de la vie éternelle." Tite 3.4/7.*

Celui qui croit en Jésus-Christ pour le pardon de ses péchés et le salut de son âme entre dans le repos de Dieu qui libère de la servitude de la loi. Il entre dans une vie nouvelle de service dans laquelle il pratiquera des œuvres, non plus pour être justifié, mais pour être agréable à celui qui l'a justifié. Le moyen d'entrer dans le repos de Dieu c'est la foi et uniquement la foi. Éphésiens 2.8 :

> *"Pour nous qui avons cru, nous entrons dans le repos, selon qu'il dit: Je jurai dans ma colère: Ils n'entreront pas dans mon repos! Il dit cela, quoique ses œuvres eussent été achevées depuis la création du monde." Hébreux 4:3.*

Ceux à qui le message initial de Dieu était d'abord annoncé n'ont pas cru dans sa parole et ne sont pas entrés dans ce repos de Dieu.

> *"Car cette bonne nouvelle nous a été annoncée aussi bien qu'à eux; mais la parole qui leur fut annoncée ne leur servit de rien, parce qu'elle ne trouva pas de la foi chez ceux qui l'entendirent." Hébreux 4:2.*

> *"Aussi voyons-nous qu'ils ne purent y entrer à cause de leur incrédulité."* Hébreux 3:19.
>
> *"Craignons donc, tandis que la promesse d'entrer dans son repos subsiste encore, qu'aucun de vous ne paraisse être venu trop tard."* Hébreux 4:1.

Il est fondamental de conserver notre attachement au principe établit par Dieu dans une relation nouvelle : La foi en Jésus-Christ.

Des bonnes œuvres

Il y a des œuvres qui sont nécessaires et expressément demandées. Elles ne sont pas faites pour acquérir le salut, mais elles sont le produit d'une vie nouvelle. Ce sont celles que Dieu a préparées pour ceux qui ont cru en Christ, afin qu'ils les pratiquent.

> *"Car c'est par la grâce que vous êtes sauvés, par le moyen de la foi. Et cela ne vient pas de vous, c'est le don de Dieu. Ce n'est point par les œuvres, afin que personne ne se glorifie. Car nous sommes son ouvrage, ayant été créés en Jésus-Christ pour de bonnes œuvres, que Dieu a préparées d'avance, afin que nous les pratiquions."* Éphésiens 2.8/10.

Premièrement les œuvres de la foi...

Celles dont parle l'apôtre Jacques: : *Mes frères, à quoi servirait–il à un homme de dire qu'il a la foi s'il ne le démontre pas par ses actes ? Une telle foi peut–elle le sauver ?* Jacques 2:14

On a souvent opposé le discours de Jacques à celui de Paul concernant le salut par la foi sans les œuvres de la loi. Cependant il faut faire la différence entre "les œuvres de la loi" inutiles pour le salut et "les œuvres de la foi" indispensables pour en démontrer la réalité.

Dans son écrit, Jacques ne contredit pas les affirmations de Paul. Il s'efforce de faire comprendre que la foi ne consiste pas en paroles seulement ou en bons sentiments, mais qu'elle doit être démontrée par des actes que nous pouvons appeler "les œuvres de la foi" dont Abraham est l'exemple, ainsi que ceux cités dans le chapitre 11 de l'épître aux Hébreux, selon ce qui est écrit : *"La foi est une ferme assurance des choses qu'on espère et une démonstration de celles que l'on ne voit pas."* Hébreux.11.1.

Ensuite les œuvres de la charité

Celles que nous pratiquons par amour : la compassion, la miséricorde, le secours, le soutien, l'aide dans la communion fraternelle. L'apôtre Jean écrit :

> *"Nous avons connu l'amour, en ce qu'il a donné sa vie pour nous; nous aussi, nous devons donner notre vie pour les frères. Si quelqu'un possède les biens du monde, et que, voyant son frère dans le besoin, il lui ferme ses entrailles, comment l'amour de Dieu demeure-t-il en lui ? Petits enfants, n'aimons pas en paroles et avec la langue, mais en actions et avec vérité. Par là nous connaîtrons que nous sommes de la vérité." 1 Jean 3.16/18.*

Puis les œuvres de notre justice, la sanctification

> *"L'œuvre de la justice sera la paix, et le fruit de la justice le repos et la sécurité pour toujours." Esaïe 32:17.*

> *"On t'a fait connaître, ô homme, ce qui est bien; Et ce que l'Éternel demande de toi, C'est que tu pratiques la justice, Que tu aimes la miséricorde, Et que tu marches humblement avec ton Dieu." Michée 6:8.*

Enfin les œuvres dont Jésus parle lorsqu'ils dit :

> *"Il faut que je fasse, tandis qu'il est jour, les œuvres de celui qui m'a envoyé; la nuit vient, où personne ne peut travailler." Jean 9:4.*

> *"Vous savez comment Dieu a oint du Saint-Esprit et de force Jésus de Nazareth, qui allait de lieu en lieu faisant du bien et guérissant tous ceux qui étaient sous l'empire du diable, car Dieu était avec lui." Actes 10:38.*

> *"Ces œuvres que feront aussi ceux qui croient en Lui." Jean 14.12.*

> *"Puis il leur dit: Allez par tout le monde, et prêchez la bonne nouvelle à toute la création. Celui qui croira et qui sera baptisé sera sauvé, mais celui qui ne croira pas sera condamné. Voici les miracles qui accompagneront ceux qui auront cru: en mon nom, ils chasseront les démons; ils parleront de nouvelles langues; ils saisiront des serpents; s'ils boivent quelque breuvage mortel, il ne leur fera point de mal; ils imposeront les mains aux malades, et les malades, seront guéris." Marc 16:15/20.*

Il n'est pas question de se reposer de ces œuvres là avant que nous soyons auprès du Seigneur, selon Apocalypse 14:13.

> *J'entendis du ciel une voix qui disait : Ecris : Heureux les morts, ceux qui meurent dans le Seigneur, dès maintenant ! Oui, dit l' Esprit, qu'ils se reposent de leurs travaux, car leurs œuvres les suivent.*

Chapitre 3 - La demeure de Dieu

Peut-être vous attendez vous à ce que je vous parle du ciel, dont Dieu dit : *Le ciel est mon trône, Et la terre mon marchepied. Quelle maison pourriez-vous me bâtir, Et quel lieu me donneriez-vous pour demeure? Esaïe 66:1*

C'est vrai que le Ciel est la demeure glorieuse où se trouve le trône de Dieu, où il siège avec le Seigneur Jésus-Christ, mais Jésus a parlé d'une autre demeure, un lieu d'intimité que Dieu désire avoir avec chacun en particulier : *"Si quelqu'un m'aime, il obéira à mes paroles. Mon Père l'aimera, nous irons à lui et nous habiterons chez lui". Jean 14:23.*

Il n'est pas question de lui construire une demeure ou un temple avec des matériaux terrestres :

> *Le Dieu qui a fait le monde et tout ce qui s'y trouve, étant le Seigneur du ciel et de la terre, n'habite point dans des temples faits de main d'homme. Actes 17.24*

C'est donc une erreur d'appeler un bâtiment "la maison de Dieu", que ce soit un simple local et ou une cathédrale majestueuse.

En nous

L'apôtre Paul écrit à ceux qui sont devenus enfants de Dieu par la foi en Christ : *"Ne savez-vous pas que vous êtes le temple de Dieu, et que l'Esprit de Dieu habite en vous ?" 1 Corinthiens 3:16.*

Jésus lui-même a dit : *Si quelqu'un m'aime, il gardera ma parole, et mon Père l'aimera; nous viendrons à lui, et nous ferons notre demeure chez lui. Jean 14.15*

Voilà qui est très claire. Si nous aimons le Seigneur Jésus-Christ, si nous obéissons à ses paroles, Lui et son Père viendront à nous et habiteront chez nous !

Parmi les choses qui concernent notre relation avec Dieu celle-ci a une grande importance : si nous appartenons au Seigneur Jésus-Christ nous sommes devenus une habitation de Dieu, comme il est encore écrit : *"En lui (Christ) vous êtes aussi édifiés pour être une habitation de Dieu en Esprit." Éphésiens 2:22.*

Dieu veut tout simplement habiter en nous. C'est une grande vérité de la foi selon l'Evangile et l'une des principales raisons pour laquelle il envoie son Esprit dans nos cœurs.

Jésus a voulu que ceux qui croient en lui soient instruits de la façon dont Lui et son Père viennent faire leur demeure en eux.

Si vous m'aimez, gardez mes commandements.

Et moi, je prierai le Père, et il vous donnera un autre consolateur, afin qu'il demeure éternellement avec vous, l'Esprit de vérité, que le monde ne peut recevoir, parce qu'il ne le voit point et ne le connaît point; mais vous, vous le connaissez, car il demeure avec vous, et il sera en vous ...

En ce jour-là, vous connaîtrez que je suis en mon Père, que vous êtes en moi, et que je suis en vous.

Celui qui a mes commandements et qui les garde, c'est celui qui m'aime; et celui qui m'aime sera aimé de mon Père, je l'aimerai, et je me ferai connaître à lui.

Jude, non pas l'Iscariot, lui dit: Seigneur, d'où vient que tu te feras connaître à nous, et non au monde?

Jésus lui répondit: Si quelqu'un m'aime, il gardera ma parole, et mon Père l'aimera; nous viendrons à lui, et nous ferons notre demeure chez lui. Jean 14.15

Le Seigneur précise que le jour où nous recevons le Saint-Esprit nous savons que Dieu demeure en nous et qu'il existe une véritable union entre Lui, son Père et nous : *En ce jour-là, vous connaîtrez que je suis en mon Père, que vous êtes en moi, et que je suis en vous. Jean 14:20*

Nous comprenons bien que cette situation est spirituelle parce qu'elle est le fait de la présence de l'Esprit de Dieu.

"Ne savez-vous pas que votre corps est le temple du Saint-Esprit qui est en vous, que vous avez reçu de Dieu, et que vous ne vous appartenez point à vous-mêmes? Car vous avez été rachetés à un grand prix. Glorifiez donc Dieu dans votre corps et dans votre esprit, qui appartiennent à Dieu." 1 Corinthiens 6:19.

Nous sommes des êtres complexes formés de matière et d'esprit, à la fois esprit, âme et corps. (voir l'étude : "l'être humain")

Souvent nous commettons l'erreur de donner de l'importance à l'un plutôt qu'à l'autre en fonction de ce que nous pouvons ressentir. Nous ne définissons pas bien la frontière entre l'esprit, l'âme et le corps. Où commence l'âme et où finit l'esprit, l'âme à son tour n'est-elle pas intimement liée au corps. Cependant l'Esprit de Dieu le sait. Il sonde les profondeurs de notre être et le pénètre allant jusqu'à la séparation de ce qui est psychique "l'âme" et ce qui est spirituel : "l'esprit".

> *Car la parole de Dieu est vivante et efficace, plus tranchante qu'une épée quelconque à deux tranchants, pénétrante jusqu'à partager âme et esprit, jointures et moelles; elle juge les sentiments et les pensées du cœur. Nulle créature n'est cachée devant lui, mais tout est à nu et à découvert aux yeux de celui à qui nous devons rendre compte. Hébreux 4.12/13*

> *L'Esprit de Dieu sonde tout, même les profondeurs de Dieu. 1 Corinthiens 2.10*

Le Saint-Esprit est en nous si nous appartenons au Seigneur Jésus-Christ, comme l'écrit l'apôtre Paul : *"Si quelqu'un n'a pas l'Esprit de Christ, il ne lui appartient pas." Romains 8:9.*

Et encore : *Ne savez-vous pas que vous êtes le temple de Dieu, et que l'Esprit de Dieu habite en vous ? 1 Corinthiens 3:16*

Quelle merveilleuse grâce ! Le Dieu Tout-Puissant, le Créateur du ciel et de la terre, l'Éternel, le Dieu Saint et Pur, le Père de notre Seigneur Jésus-Christ, veut venir habiter en nous !

La conscience de la présence de Dieu en nous

Lorsque le Saint-Esprit vient habiter en nous, nous le savons ! Plusieurs choses le confirment : le témoignage de sa présence et l'œuvre qu'il accomplit dans notre vie :

> *Nous connaissons que Dieu demeure en nous par l'Esprit qu'il nous a donné. 1 Jean 3:24*

> *Nous connaissons que nous demeurons en lui, et qu'il demeure en nous, en ce qu'il nous a donné de son Esprit. 1 Jean 4:13*

Le Saint-Esprit est l'agent unique qui nous rend conscients de la présence de Dieu en nous et qui produit efficacement le fruit de cette présence divine. Il est le communicateur des choses qui appartiennent au Père et au Fils. Il témoigne à notre esprit de sa présence, de son approbation ou de sa désapprobation, en agissant dans notre être intérieur : conscience, pensées, sentiments, émotions.

Il ne s'agit pas de s'adonner à la recherche des sensations physiques et émotionnelles. C'est la tendance actuelle, une pratique de plus en plus courante, il faut voir, sentir ou ressentir ! Pour certains c'est indispensable, d'où la pratique intense de tout ce qui peut provoquer des émotions et des sensations psychiques et physiques. produisant de l'agitation, de l'extravagance, des excès de paroles et de gestes.

Les Écritures parlent de tranquillité et de repos, de calme et de confiance, de bons sens et d'intelligence, de réflexion et d'observation (examen), de paix et de modération, de paroles de sages tranquillement écoutées...

Le "témoignage intérieur" du Saint-Esprit est une manifestation de sa relation personnelle avec nous, lorsqu'il parle à notre esprit, à notre cœur ou à notre conscience. Notre perception dépend en grande partie de l'attention que nous lui portons et de notre sensibilité spirituelle. Jésus reprochait à certains de ses auditeurs d'avoir le cœur endurci, fermé, c'est à dire insensible : *Car le cœur de ce peuple est devenu insensible; Ils ont endurci leurs oreilles, et ils ont fermé leurs yeux... Matthieu 13:15*

Beaucoup trop de choses envahissent notre cœur l'empêchant de discerner le témoignage de l'Esprit de Dieu. Jésus dit que les soucis de la vie, les préoccupation quotidiennes, la recherche des plaisirs et des biens du monde, étouffent sa Parole. Matthieu 13.22 et Luc 8.14

Le Seigneur veut nous rendre sensibles au témoignage intérieur de son Esprit : *Il éveille, chaque matin, il éveille mon oreille, Pour que j'écoute comme écoutent des disciples. Le Seigneur, l'Éternel, m'a ouvert l'oreille, et je n'ai point résisté, je ne me suis point retiré en arrière. Esaïe 50.4/5*

Le fruit que l'Esprit produit en nous est aussi le résultat de sa présence

Nous savons que Dieu demeure en nous lorsque sa présence change notre mentalité, nos sentiments, notre façon de parler et de nous comporter. De la même manière que Jésus change l'eau en vin il transforme notre vie intérieure.

> *Dieu est amour; et celui qui demeure dans l'amour demeure en Dieu, et Dieu demeure en lui. 1 Jean 4:16*

> *Personne n'a jamais vu Dieu; si nous nous aimons les uns les autres, Dieu demeure en nous, et son amour est parfait en nous. 1 Jean 4:12*

> *Mais le fruit de l'Esprit, c'est l'amour, la joie, la paix, la patience, la bonté, la bénignité, la fidélité, la douceur, la tempérance; Galates 5:22*

Dieu agit comme un potier qui modèle un vase, par son Esprit qui vit en nous il imprime sa nature dans nos vies.

En fait, le fruit de l'Esprit c'est la nature même de Christ qui se développe en nous, c'est la preuve de Sa présence.

La manifestation du Saint-Esprit est un témoignage évident de la présence de Dieu

> *Mais si tous prophétisent, et qu'il survienne quelque non-croyant ou un homme du peuple, il est convaincu par tous, il est jugé par tous, les secrets de son cœur sont dévoilés, de telle sorte que, tombant sur sa face, il adorera Dieu, et **publiera que Dieu est réellement au milieu de vous**. 1 Corinthiens 14.24/25*

Et ils furent tous remplis du Saint-Esprit, et se mirent à parler en d'autres langues, selon que l'Esprit leur donnait de s'exprimer. Actes 2:4

Lorsque Paul leur eut imposé les mains, le Saint-Esprit vint sur eux, et ils parlaient en langues et prophétisaient. Actes 19:6

Les dons spirituels par lesquels le Saint-Esprit se manifeste sont autant de signes évidents de la présence de Dieu au milieu de ses assemblées et dans notre propre vie.

> *"Or, à chacun la manifestation de l'Esprit est donnée pour l' utilité commune.*

> *En effet, à l'un est donnée par l'Esprit une parole de sagesse; à un autre, une parole de connaissance, selon le même Esprit; à un autre, la foi, par le même Esprit; à un autre, le don des guérisons, par le même Esprit; à un autre, le don d'opérer des miracles; à un autre, la prophétie; à un autre, le discernement des esprits; à un autre, la diversité des langues; à un autre, l'interprétation des langues.*

> *Un seul et même Esprit opère toutes ces choses, les distribuant à chacun en particulier comme il veut." 1 Corinthiens 12.7/11*

Le temple de Dieu est saint

> *Ne savez-vous pas que vous êtes le temple de Dieu, et que l'Esprit de Dieu habite en vous?*
>
> *Si quelqu'un détruit le temple de Dieu, Dieu le détruira; car le temple de Dieu est saint, et c'est ce que vous êtes. 1 Corinthiens 3.16*

C'est l'évidence même et elle se passe de commentaires. Nous comprenons que si nous somme le temple du Dieu Saint, nous le soyons aussi, comme il est écrit : *Vous serez saints car je suis saint ! 1 Pierre 1.16*

C'est surtout en cela que nous sommes exhortés à glorifier Dieu comme l'écrit l'apôtre Paul dans le même passage :

> *Car vous avez été rachetés à un grand prix. Glorifiez donc Dieu dans votre corps et dans votre esprit, qui appartiennent à Dieu. 1 Corinthiens 6:20*

Une condition essentielle : l'amour

Nous posons souvent la même question concernant les choses que nous pratiquons dans le cadre de notre foi chrétienne : Qu'est ce qui est le plus important, telle pratique ou telle autre ? Ecoutons ce que dit Jésus :

> *Les pharisiens apprirent qu'il avait réduit au silence les sadducéens. Ils se rassemblèrent et l'un d'eux, un spécialiste de la loi, lui posa cette question pour le mettre à l'épreuve :*
>
> *Maître, quel est le grand commandement de la loi ?*
>
> *Il lui répondit : Tu aimeras le Seigneur, ton Dieu, de tout ton cœur, de toute ton âme et de toute ton intelligence.*
>
> *C'est là le grand commandement, le premier. Matthieu 22.34*

L'apôtre Paul a écrit : *En somme, trois choses demeurent : la foi, l'espérance et l'amour, mais la plus grande d'entre elles, c'est l'amour. 1 Corinthiens 13:13*

Jésus dit : *"Si quelqu'un m'aime, il obéira à mes paroles". Mon Père l'aimera, nous irons à lui et nous habiterons chez lui". Jean 14:23.*

Conclusion

Dieu ne se lasse pas de nous répéter sous toutes les formes qu'Il veut faire son habitation dans nos cœurs, mais je crois que nous le réalisons pas bien. Nous devons nous arrêter et penser à cela.

Que la parole de Christ pénètre notre pensée, notre esprit et notre âme, afin que pleinement persuadés nous puissions aimer Notre Père céleste et son fils Jésus-Christ.

Nous sommes bien conscients de la nécessité de cette relation d'amour avec Dieu notre Père et avec Jésus notre Sauveur, établie dans notre cœur par le Saint-Esprit. Aussi nous tendons de toute notre âme, de tout notre cœur, de toute notre force et de toute notre pensée, vers une plus grande communion avec le Seigneur dans une obéissance humble et aimante.

Chapitre 4 - La présence active de Dieu

Lorsque nous parlons de la présence de Dieu, nous constatons à la lecture des Écritures, que sa présence peut-être passive : Dieu est partout, ses yeux parcourent la terre et voient toutes choses sous les cieux, mais il n'intervient pas toujours.

Dans les Ecritures il est souvent fait mention de la présence de Dieu au milieu de son peuple.

Je marcherai au milieu de vous, je serai votre Dieu, et vous, vous serez mon peuple. Lévitique 26:12

Non seulement il le dit par Moïse à Israël, le peuple de l'Ancienne Alliance, mais Il l'firme aussi à eux qui appartiennent à Christ, le peuple de la Nouvelle Alliance :

Car nous sommes le temple du Dieu vivant, comme Dieu l'a dit: J'habiterai et je marcherai au milieu d'eux; je serai leur Dieu, et ils seront mon peuple. 2 Corinthiens 6.16

Il ne s'agit plus ici de sa présence en nous, comme nous l'avons étudié dans le chapitre précédent, mais au milieu, avec ceux qui lui appartiennent. Il dit : Je marcherai au milieu d'eux.

De nombreux récits des Ecritures Saintes révèlent comment Dieu marche et agit lorsqu'il est présent. Que ce soit avec Abraham et les patriarches, ou avec les assemblées du peuple d'Israël dans le désert ou lorsqu'il fut établi dans son pays, nous voyons le nombreuses manifestations de la présence de l'Eternel.

Le Nouveau Testament relate aussi la manifestation de la présence de Dieu déjà avec Jésus dans les Evangiles, puis avec les disciples après l'ascension du Seigneur :

Et ils s'en allèrent prêcher partout. Le Seigneur travaillait avec eux, et confirmait la parole par les miracles qui l'accompagnaient. Marc 16:20

Dieu faisait des miracles extraordinaires par les mains de Paul, au point qu'on appliquait sur les malades des linges ou des étoffes qui avaient touché son corps ; alors les maladies les quittaient et les esprits mauvais sortaient. Actes 19.11

Dieu peut être présent mais ne pas intervenir. Cependant d'une manière générale il manifeste sa présence. C'est pour cela que j'aime bien cette expression "la présence active de Dieu". C'est non seulement quand il est là mais quand il agit.

Jésus disaient que les œuvres qu'il faisait prouvaient que le Père était avec Lui :

> *Ne crois-tu pas que je suis dans le Père, et que le Père est en moi? Les paroles que je vous dis, je ne les dis pas de moi-même; et le Père qui demeure en moi, c'est lui qui fait les oeuvres. Jean 14:10*
>
> *L'apôtre Pierre a rendu ce témoignage : ... vous savez comment Dieu a oint du Saint-Esprit et de force Jésus de Nazareth, qui allait de lieu en lieu faisant du bien et guérissant tous ceux qui étaient sous l'empire du diable, car Dieu était avec lui. Nous sommes témoins de tout ce qu'il a fait dans le pays des Juifs et à Jérusalem. Actes 10.38*

L'apôtre Paul exhortait les disciples de Corinthe à rechercher le don de prophétie dans ce sens :

> *"Si donc, dans une assemblée de l'Église entière, tous parlent en langues, et qu'il survienne des hommes du peuple ou des non-croyants, ne diront-ils pas que vous êtes fous? Mais si tous prophétisent, et qu'il survienne quelque non-croyant ou un homme du peuple, il est convaincu par tous, il est jugé par tous, les secrets de son cœur sont dévoilés, de telle sorte que, tombant sur sa face, il adorera Dieu, et publiera que Dieu est réellement au milieu de vous." 1 Corinthiens 14:23.*

La prophétie et les dons du Saint-Esprit, sont des moyens par lesquels Dieu manifeste sa présence dans les assemblées de ceux qui se réunissent au nom du Seigneur;

> *Je vous dis encore que, si deux d'entre vous s'accordent sur la terre pour demander une chose quelconque, elle leur sera accordée par mon Père qui est dans les cieux.*
>
> *Car là où deux ou trois sont assemblés en mon nom, je suis au milieu d'eux. Matthieu 18.19*

La prière exaucée est une manifestation de la présence active de Dieu;

La puissance du Seigneur est agissante au milieu de ceux ui se rassemblent pour prier, mais aussi dans la vie de ceux en qui il demeure :

> *Il peut faire par la puissance qui agit en nous, infiniment au delà de tout ce que nous demandons ou pensons, à lui soit la gloire dans l'Eglise et en Jésus-Christ, dans toutes les générations, aux siècles des siècles! Amen!*
> **Ephésiens 3.20**

Il est important de savoir et de croire que la présence de Dieu est agissante, comme l'apôtre Paul le demandait dans sa prière pour les disciples de l'église d'Ephèse :

> *C'est pourquoi moi aussi, ayant entendu parler de votre foi au Seigneur Jésus et de votre charité pour tous les saints, je ne cesse de rendre grâces pour vous, faisant mention de vous dans mes prières, afin que le Dieu de notre Seigneur Jésus-Christ, le Père de gloire, vous donne un esprit de sagesse et de révélation, dans sa connaissance, et qu'il illumine les yeux de votre coeur, pour que vous sachiez quelle est l'espérance qui s'attache à son appel, quelle est la richesse de la gloire de son héritage qu'il réserve aux saints, et quelle est envers nous qui croyons l'infinie grandeur de sa puissance, se manifestant avec efficacité par la vertu de sa force.*
> **Ephésiens 1.15**

Je pense souvent à ces signes qui doivent accompagner ceux qui croient au Seigneur Jésus-Christ, dont il a parlé et qu'il a promis :

> *Voici les miracles qui accompagneront ceux qui auront cru: en mon nom, ils chasseront les démons; ils parleront de nouvelles langues; ils saisiront des serpents; s'ils boivent quelque breuvage mortel, il ne leur fera point de mal; ils imposeront les mains aux malades, et les malades, seront guéris.*
> **Marc 16.16**

Je fais le lien avec l'enseignement de l'apôtre Paul pour les églises :

> *Pour ce qui concerne les dons spirituels, je ne veux pas, frères, que vous soyez dans l'ignorance.*
>
> *Vous savez que, lorsque vous étiez païens, vous vous laissiez entraîner vers les idoles muettes, selon que vous étiez conduits.*
>
> *C'est pourquoi je vous déclare que nul, s'il parle par l'Esprit de Dieu, ne dit: Jésus est anathème! et que nul ne peut dire: Jésus est le Seigneur! si ce n'est par le Saint-Esprit.*

> *Il y a diversité de dons, mais le même Esprit; diversité de ministères, mais le même Seigneur;*
>
> *6 diversité d'opérations, mais le même Dieu qui opère tout en tous.*
>
> *Or, à chacun la manifestation de l'Esprit est donnée pour l'utilité commune.*
>
> *En effet, à l'un est donnée par l'Esprit une parole de sagesse; à un autre, une parole de connaissance, selon le même Esprit; à un autre, la foi, par le même Esprit; à un autre, le don des guérisons, par le même Esprit; à un autre, le don d'opérer des miracles; à un autre, la prophétie; à un autre, le discernement des esprits; à un autre, la diversité des langues; à un autre, l'interprétation des langues. 1 Corinthiens 12.1*

En lisant le Nouveau Testament je remarque que les apôtres et les églises vivaient ces choses régulièrement, Paul écrivant même que dans l'église de Corinthe il ne manquait aucun de ces dons

Mais je constate avec tristesse que les manifestations de la présence de Dieu sont de moins en moins nombreuses dans les assemblées et la plupart du temps inexistantes.

Dieu aurait-il changé ?

Lors d'un conversation avec un ami pasteur, nous parlions de la carence concernant les manifestation surnaturelles de Dieu dans les églises aujourd'hui et nous évoquions des archives relatant ce qui se passait au siècle dernier lors de réveils importants.

En remontant l'histoire de l'église depuis le début nous observons des périodes de gloire avec des miracles, des guérisons et de puissantes manifestations du Saint-Esprit, puis des temps dans lesquels Dieu semble absent.

Certains en concluent que cela fait partie des desseins mystérieux de Dieu. C'est une conclusion facile ! Evitons de penser à la place du Seigneur. Revenons plutôt vers les Ecritures Saintes, la Bible, la Bible, sa Parole inspirée qui nous révèle sa pensée et ses œuvres, soit dans l'Ancien Testament et surtout dans les évangiles qui témoignent de Celui qui a révéler parfaitement le Père : le Seigneur Jésus-Christ.

Nous pouvons affirmer que Dieu est immuable, selon la définition de ce terme, dans le dictionnaire : constance, durabilité, fidélité, fixité, immuabilité, inaltérabilité, pérennité, permanence, solidité, stabilité, équilibre régularité.

Voici comment l'apôtre Jacques définit la nature de Dieu :

Ne vous y trompez pas, mes frères bien-aimés: toute grâce excellente et tout don parfait descendent d'en haut, du Père des lumières, chez lequel il n'y a ni changement ni ombre de variation. Jacques 1.17

Dieu parlant de Lui-Même dit par le prophète Esaïe :

Ne le sais–tu pas ? Ne l'as–tu pas entendu dire ? Le Seigneur est Dieu de siècle en siècle ; il a créé la terre d'une extrémité à l' autre. Jamais il ne faiblit, jamais il ne se lasse. Son savoir–faire est sans limite.

Il redonne des forces à celui qui faiblit, il remplit de vigueur celui qui n'en peut plus.

Les jeunes eux–mêmes connaissent la défaillance ; même les champions trébuchent parfois.

Mais ceux qui comptent sur le Seigneur reçoivent des forces nouvelles ; comme des aigles ils s'élancent. Ils courent, mais sans se lasser, ils avancent, mais sans faiblir. Esaïe 40.28

Oui, le SEIGNEUR regarde partout sur la terre pour soutenir ceux qui sont attachés à lui de tout leur cœur. 2 Chroniques 16:9

Le but de ses interventions Dieu c'est de répondre aux besoins de ses enfants. Il n'agit pas pour faire du spectacle, mais pour secourir et faire du bien, parfois aussi pour juger et reprendre.

Il est important de comprendre que nous avons besoin de la manifestation de la puissance de Dieu : ses miracles, ses guérisons, ses délivrances, ses interventions surnaturelles qui courbent les gens devant sa force, ses révélations, ses visions, l'envoi de ses anges, et que dirais-je encore ?..

"Dieu réellement au milieu de nous", cela veut dire "Dieu à l'œuvre" comme il est écrit dans Marc 16 : *Le Seigneur travaillait avec eux.*

Croire et prier pour que Dieu agisse

Lorsque Jésus s'en est allé au Ciel il a fait une promesse à ses disciples, qui vaut non seulement pour ceux qui étaient présents ce jour là, mais aussi pour tous ceux qui croiraient en lui dans toutes les générations.

> *Mais vous recevrez de la puissance quand l'Esprit saint viendra sur vous, et vous serez mes témoins à Jérusalem, dans toute la Judée et en Samarie, et jusqu'aux extrémités de la terre. Actes 1:8*

Marc rapporte cet entretien de la façon suivante :

> *Puis il leur dit: Allez par tout le monde, et prêchez la bonne nouvelle à toute la création. 16 Celui qui croira et qui sera baptisé sera sauvé, mais celui qui ne croira pas sera condamné. 17 Voici les miracles qui accompagneront ceux qui auront cru: en mon nom, ils chasseront les démons; ils parleront de nouvelles langues; 18 ils saisiront des serpents; s'ils boivent quelque breuvage mortel, il ne leur fera point de mal; ils imposeront les mains aux malades, et les malades, seront guéris.*
>
> *Le Seigneur, après leur avoir parlé, fut enlevé au ciel, et il s'assit à la droite de Dieu. 20 Et ils s'en allèrent prêcher partout. Le Seigneur travaillait avec eux, et confirmait la parole par les miracles qui l'accompagnaient Marc 16.16*

Bien longtemps avant par le prophète Joël Dieu a dit :

> *Après cela, je répandrai mon esprit sur toute chair; Vos fils et vos filles prophétiseront, Vos vieillards auront des songes, Et vos jeunes gens des visions.*
>
> *Même sur les serviteurs et sur les servantes, Dans ces jours-là, je répandrai mon esprit.. Joël 2.28*

C'est ce qui est arrivé le jour de la Pentecôte pour les disciples qui priaient et attendaient l'accomplissement de la promesse du Seigneur. Et c'es encore ce qui arrive lorsqu'une enfant de Dieu prie en croyant dans la Parole de son Père céleste :

> *Si donc, méchants comme vous l'êtes, vous savez donner de bonnes choses à vos enfants, à combien plus forte raison le Père céleste donnera-t-il le Saint-Esprit à ceux qui le lui demandent. Luc 11:13*

Prie ton Père qui est là ... Matthieu 6.6

Quand tu pries, entre dans ta chambre, ferme ta porte, et prie ton Père qui est là dans le lieu secret; et ton Père, qui voit dans le secret, te le rendra.

En priant, ne multipliez pas de vaines paroles, comme les païens, qui s'imaginent qu'à force de paroles ils seront exaucés.

La présence active de Dieu ne dépend pas d'une ambiance, du volume de la musique, de notre énergie dans les gesticulations, de la force de notre voix, de la longueur de nos discours. Il n'y a jamais eu autant d'agitation, de gesticulations, de projets et d'entreprises dans les églises, une sorte d'activisme frénétique : il faut faire des choses ! Je n'ai jamais autant remarqué que maintenant, combien on attache de l'importance à des méthodes et des moyens mis en œuvre, sur lesquels on s'appuie.

Un jour, Dieu a fait dire par son prophète Hanani, à Asa, roi de Juda : *"Parce que tu t'es appuyé sur le roi de Syrie et que tu ne t'es pas appuyé sur l'Éternel, ton Dieu, l'armée du roi de Syrie s'est échappée de tes mains."* 2 Chroniques 16:7.

Beaucoup de choses dont nous devrions voir l'accomplissement nous échappent tout simplement parce que nous ne nous appuyons pas suffisamment sur le Seigneur. Nous confons la foi avec une sorte d'excitaiton mentale qui produit des éclats de voix et des grands gestes, mais l'Esprit de Dieu n'est réellement actif.

La présence active de Dieu, dépend en fait d'une réelle communion avec lui, lorsque rien ne vient faire obstacle, attriste ou éteint le Saint-Esprit. Il y a quelques avertissements à ce sujet dans la Bible :

"n'attristez pas le Saint-Esprit de Dieu." Ephésiens 4:30

La suite du texte nous montre qu'une conduite inconsciente ou mauvaise est un objet de tristesse pour l'Esprit-Saint.

"...n'éteignez pas l'Esprit." 1 Thessaloniciens. 5:19.

Le contexte nous apprend que si nous négligeons ses instructions, ses conseils, ses directives, si nous n'obéissons pas à ce qu'il dit, il n'interviendra plus... Or si cela peut être vrai concernant les prophéties, ça l'est aussi concernant la Parole écrite de Dieu.

Le Saint-Esprit peut se retirer et nous laisser seuls avec nos activités, nos pratiques religieuses et nos problèmes :

> *"La nuée se retira de dessus la tente. Et voici, Marie était frappée d'une lèpre, blanche comme la neige. Aaron se tourna vers Marie; et voici, elle avait la lèpre." Nombres 12:10.*

> *"L'esprit de l'Éternel se retira de Saül, qui fut agité par un mauvais esprit venant de l'Éternel." 1 Samuel 16:14.*

> *"Ils iront avec leurs brebis et leurs bœufs chercher l'Éternel, Mais ils ne le trouveront point: Il s'est retiré du milieu d'eux." Osée 5:6.*

> *"Elle dit alors: Les Philistins sont sur toi, Samson! Et il se réveilla de son sommeil, et dit: Je m'en tirerai comme les autres fois, et je me dégagerai. Il ne savait pas que l'Éternel s'était retiré de lui." Juges 16:20.*

Alors, nous semons beaucoup mais nous récoltons peu, nous avons beaucoup d'activités mais peu de résultats, beaucoup de discours mais peu d'actes miraculeux. David, dans son humiliation, priait ainsi :

> *"Ne me rejette pas loin de ta face, Ne me retire pas ton esprit saint." Psaumes 51:11.*

La présence active de Dieu dépend donc de la qualité de notre relation réelle et quotidienne avec le Seigneur. Si nous avons dans notre vie des choses que nous ne lui cédons pas ou qui lui déplaisent, nous ne pouvons pas nous attendre à ce qu'Il se rende à nos demandes. Mais si nous cherchons vraiment à lui plaire, à obéir à sa volonté il nous écoute.

> *Bien–aimés, si notre cœur ne nous condamne pas, nous avons de l'assurance auprès de Dieu.*
>
> *Quoi que nous demandions, nous le recevons de lui, parce que nous gardons ses commandements et que nous faisons ce qui est agréé de lui. 1 Jean 3.21*

Chapitre 5 - Celui qui peut

Avec ce chapitre je voudrais vous amener à prendre conscience de ce que Dieu peut faire dans la vie de chaque personne qui décide de le laisser agir en elle, selon cette parole de l'épitre de Paul aux Ephésiens qui m'interpelle fortement.

> *Celui qui peut faire, par la puissance qui agit en nous, infiniment au delà de tout ce que nous demandons ou pensons, Ephésiens 3:20*

Bien souvent nous passons à coté des choses essentielles pour des raisons très simples :

. Nous ne les voyons pas ! Nous regardons ailleurs, notre vision spirituelle est faussée car notre regard n'est pas tourné dans la bonne direction.

. Nous négligeons de nous en préoccuper car nous avons d'autres priorités.

. Enfin nous ne prions pas pour leur accomplissement.

Il y a dans la Bible de nombreux passages qui exhortent à diriger notre attention sur Dieu afin de le connaitre pour mieux mettre notre confiance en Celui dont le pouvoir va bien au delà de tout ce que nous pouvons imaginer.

Arrêtons nous sur ce texte cité en introduction. : *Celui qui peut faire, par la puissance qui agit en nous, au delà de tout ce que nous demandons ou pensons."*

Nous avons là une parole de Dieu d'une force extraordinaire pour notre foi si nous la laissons entrer et s'enraciner dans notre cœur : Dieu peut faire par la puissance qui agit en nous au delà de tout ce que nous demandons ou pensons.

Dieu peut faire

Nous n'avons pas besoin de beaucoup de discours ni de réfléchir longtemps pour savoir que "Tout est possible à Dieu". Nous le savons. Nous affirmons le croire. Mais nous ne le réalisons pas toujours. Si nous pensons à ce qu'est la foi nous voyons qu'il s'agit d'autre chose qu'une simple déclaration :

> *"La foi est une façon de posséder ce qu'on espère, c'est un moyen d'être sûr des réalités qu'on ne voit pas." (Version Le Semeur) Hébreux 11:1*

La foi c'est ce qui permet à Dieu d'intervenir dans notre vie pour y accomplir ce qu'il a promis. La foi s'appuie sur les promesses, la fidélité, l'amour, la puissance de Dieu et par la foi nous nous attendons à l'accomplissement de sa Parole. C'est pour cela qu'il est aussi écrit : *Tout est possible à celui qui croit.*

Celui qui croit ouvre l'accès à la puissance de Dieu dans sa vie.

> *Le Seigneur dit : "Voici, je me tiens à la porte, et je frappe. Si quelqu'un entend ma voix et ouvre la porte, j'entrerai chez lui, je souperai avec lui, et lui avec moi." Apocalypse 3:20*

Par la puissance qui agit en nous

C'est le deuxième point de notre verset et il est aussi explicite que le premier : la puissance de Dieu agit en nous.

Nous ne sommes pas assez conscients de la présence de l'Esprit de Dieu en nous et de sa puissance, du pouvoir qui est le sien pour agir dans notre vie. Dans le verset d' Apocalypse 3.20, cité ci dessus il est question de la présence du Seigneur chez nous, dans notre vie quotidienne.

Il n'envoie pas son Esprit seulement sur nous, mais en nous. C'est ce qu'il dit :

> *"l'Esprit de vérité, que le monde ne peut recevoir, parce qu'il ne le voit point et ne le connaît point; mais vous, vous le connaissez, car il demeure avec vous, et il sera en vous." Jean 14:17*

Nous savons que l'Esprit de Dieu est tout puissant et que par lui la puissance de Dieu est active non seulement à l'extérieur mais à l'intérieur de notre être, dans notre esprit, dans notre âme, dans notre corps.

La puissance de Dieu agit en nous afin de transformer notre être entier : notre esprit, notre âme et notre corps.

> *"Que le Dieu de paix vous sanctifie lui-même tout entiers, et que tout votre être, l'esprit, l'âme et le corps, soit conservé irrépréhensible, lors de l'avènement de notre Seigneur Jésus-Christ!" 1 Thessaloniciens 5:23*

Par l'œuvre de son Esprit en nous Dieu change notre façon de penser, la source de nos décisions, notre volonté, nos sentiments, nos émotions, nos comportements ...

Dieu par sa force toute puissante peut opérer de telle façon que nous trouverons surprenant ce qu'il fait en nous.

> *"Que le Dieu de paix, qui a ramené d'entre les morts le grand pasteur des brebis, par le sang d'une alliance éternelle, notre Seigneur Jésus, vous rende capables de toute bonne œuvre pour l'accomplissement de sa volonté, et fasse en vous ce qui lui est agréable, par Jésus-Christ, auquel soit la gloire aux siècles des siècles! Amen!" Hébreux 13.20/21*

Au delà de tout ce que nous demandons ou pensons...

Trop souvent ce que nous demandons à Dieu est limité parce que notre façon de penser est restrictive. Nous avons du mal à imaginer la grandeur et la puissance de l'action de Dieu, ainsi que l'abondance de sa grâce et de ses bénédictions. Pourtant la Bible enseigne clairement ces choses.

> *"Et Dieu peut vous combler de toutes sortes de grâces, afin que, possédant toujours en toutes choses de quoi satisfaire à tous vos besoins, vous ayez encore en abondance pour toute bonne œuvre..." 2 Corinthiens 9:8*

Pourquoi ne laissons-nous pas ces paroles prendre place dans notre cœur, s'établir dans nos pensées et nous convaincre ?

> *"Que la parole de Christ habite parmi vous abondamment; instruisez-vous et exhortez-vous les uns les autres en toute sagesse, par des psaumes, par des hymnes, par des cantiques spirituels, chantant à Dieu dans vos cœurs sous l'inspiration de la grâce." Colossiens 3:16*

Jésus nous dit : *"Je vous le dis en vérité, si vous aviez de la foi comme un grain de sénevé, vous diriez à cette montagne: Transporte-toi d'ici là, et elle se transporterait; rien ne vous serait impossible." Matthieu 17:20*

Il a souvent reproché à ses disciples d'être des "gens de peu de foi"

> *"Il leur dit: Pourquoi avez-vous peur, gens de peu de foi? Alors il se leva, menaça les vents et la mer, et il y eut un grand calme." Matthieu 8:26*

A ceux qui s'inquiètent des choses de la vie quotidienne le Seigneur explique sa conception d'une vie de foi en relation avec Dieu.

> *"Si Dieu revêt ainsi l'herbe des champs, qui existe aujourd'hui et qui demain sera jetée au four, ne vous vêtira-t-il pas à plus forte raison, gens*

de peu de foi? Ne vous inquiétez donc point, et ne dites pas: Que mangerons-nous? que boirons-nous? de quoi serons-nous vêtus? Car toutes ces choses, ce sont les païens qui les recherchent. Votre Père céleste sait que vous en avez besoin. Cherchez premièrement le royaume et la justice de Dieu; et toutes ces choses vous seront données par-dessus. Ne vous inquiétez donc pas du lendemain; car le lendemain aura soin de lui-même. A chaque jour suffit sa peine." Matthieu 6.30/34

Ce que Dieu peut faire

Examinons maintenant ce que Dieu peut faire pas sa puissance qui agit en nous.

Il a le pouvoir de nous affirmer afin que nous ne tombions pas mais que nous restions debout dans la foi.

> *"A celui qui peut vous affirmer selon mon Évangile et la prédication de Jésus-Christ, conformément à la révélation du mystère caché pendant des siècles," Romains 16:25*

> *"Or, à celui qui peut vous préserver de toute chute et vous faire paraître devant sa gloire irrépréhensibles et dans l'allégresse," Jude 1:24*

> *Mais il se tiendra debout, car le Seigneur a le pouvoir de l'affermir Romains 14:4 .*

Il a le pouvoir de nous transformer et de nous rendre semblables à son fils Jésus-Christ.

> *"qui transformera le corps de notre humiliation, en le rendant semblable au corps de sa gloire, par le pouvoir qu'il a de s'assujettir toutes choses." Philippiens 3:2*

> *Car ceux qu'il a connus d'avance, il les a aussi prédestinés à être semblables à l'image de son Fils, afin que son Fils fût le premier-né entre plusieurs frères. Romains 8:29*

Il peut nous édifier, nous construire, nous former, nous sanctifier

> *"Et maintenant je vous recommande à Dieu et à la parole de sa grâce, à celui qui peut édifier et donner l'héritage avec tous les sanctifiés." Actes 20:32*

Il vous affermira aussi jusqu'à la fin, pour que vous soyez irréprochables au jour de notre Seigneur Jésus-Christ.

Dieu est fidèle, lui qui vous a appelés à la communion de son Fils, Jésus-Christ notre Seigneur. 1 corinthiens 1.8

Que le Dieu de paix vous sanctifie lui-même tout entiers, et que tout votre être, l'esprit, l'âme et le corps, soit conservé irrépréhensible, lors de l'avènement de notre Seigneur Jésus-Christ!

Celui qui vous a appelés est fidèle, et c'est lui qui le fera. 1 Thessaloniciens 5.23

Il a le pouvoir sur tout ce qui existe dans le ciel et sur la terre.

C'est de toi que viennent la richesse et la gloire, c'est toi qui domines sur tout, c'est dans ta main que sont la force et la puissance, et c'est ta main qui a le pouvoir d'agrandir et d'affermir toutes choses." 1 Chroniques 29:12 "

Nous soupirons souvent à cause de notre faiblesse et c'est vrai que nous sommes naturellement faibles. Il nous faut alors prendre conscience de ce que Lui peut faire en nous afin de nous confier en Lui :

Il peut "exaucer toutes nos demandes." Matthieu 21.22

Il peut pardonner et effacer tous nos péchés sans aucune restriction

Il peut "guérir toutes nos maladies et nous secourir dans toutes nos détresses"

Il peut pourvoir à tous nos besoins

Il peut "nous combler de toutes sortes de grâces." 2 corinthiens 9.8

Il peut "nous rende capables de toute bonne œuvre pour l'accomplissement de sa volonté." Hébreux 13.21

Il peut "nous rendre fermes, inébranlables dans la foi"

"Le Dieu de toute grâce, qui vous a appelés en Jésus-Christ à sa gloire éternelle, après que vous aurez souffert un peu de temps, vous

> *perfectionnera lui-même, vous affermira, vous fortifiera, vous rendra inébranlables. Vous pouvez encore penser à beaucoup d'autres choses que Dieu peut faire par sa puissance qui agit en vous."* 1 Pierre 5:10

Il peut "nous donner de la hardiesse, de l'assurance, de la sagesse pour que nous rendions avec force témoignage au Seigneur Jésus-Christ."

Souvent nous sommes paralysés par la crainte en face des inconvertis pour leur parler de Jésus. C'est ce que les disciples de Christ éprouvaient aussi avant d'être remplis du Saint-Esprit. Jean 20.19 Mais après qu'ils eurent reçu la puissance d'en haut ils étaient pleins de hardiesse.

> *"Quand ils eurent prié, le lieu où ils étaient assemblés trembla; ils furent tous remplis du Saint-Esprit, et ils annonçaient la parole de Dieu avec assurance."* Actes 4:31

Il peut "faire en nous ce qui lui est agréable, par Jésus-Christ, auquel soit la gloire aux siècles des siècles! Amen!" Hébreux 13:21

Il a le pouvoir de s'assujettir toutes choses, Il tient dans sa main l'âme de tout ce qui vit, , notre propre vie, il a l'autorité sur toutes circonstances, sur le cœur des puissants de ce monde et celui même de nos ennemis.

> *Quand l'Eternel approuve les voies d'un homme, Il dispose favorablement à son égard même ses ennemis.* Proverbes 16:7

> *Tous les habitants de la terre ne sont à ses yeux que néant: il agit comme il lui plaît avec l'armée des cieux et avec les habitants de la terre, et il n'y a personne qui résiste à sa main et qui lui dise: Que fais-tu?* Daniel 4:35

Au delà de tout ce que nous demandons et pensons !

Alors pourquoi douter encore ? pourquoi vivre dans la crainte et laisser le inquiétudes nous dominer ?

Dieu disait par son prophète aux descendant de Jacob, troublés et effrayés par la puissance de leurs ennemis :

> *Ne crains rien, car je suis avec toi; Ne promène pas des regards inquiets, car je suis ton Dieu; Je te fortifie, je viens à ton secours, Je te soutiens de ma droite triomphante.*

> *Voici, ils seront confondus, ils seront couverts de honte, Tous ceux qui sont irrités contre toi; Ils seront réduits à rien, ils périront, Ceux qui disputent contre toi.*
>
> *Tu les chercheras, et ne les trouveras plus, Ceux qui te suscitaient querelle; Ils seront réduits à rien, réduits au néant, Ceux qui te faisaient la guerre.*
>
> *Car je suis l'Eternel, ton Dieu, Qui fortifie ta droite, Qui te dis: Ne crains rien, Je viens à ton secours. Esaïe 41.10*

Apprenons à nous confier en Lui, à accepter de dépendre de Lui, comme Jésus le faisait. Il donne l'exemple, de sa parfaite dépendance de son Père.

"Jésus reprit donc la parole, et leur dit: En vérité, en vérité, je vous le dis, le Fils ne peut rien faire de lui-même, il ne fait que ce qu'il voit faire au Père; et tout ce que le Père fait, le Fils aussi le fait pareillement." Jean 5:19

C'est pour cela qu'Il prenait le temps de se tenir auprès de lui dans la prière.

> *Vers le matin, pendant qu'il faisait encore très sombre, il se leva, et sortit pour aller dans un lieu désert, où il pria. Marc 1:35*

Tout dépend donc de notre intimité avec Dieu, de notre confiance en Lui et de notre persévérance dans la prière.

> *"Persévérez dans la prière, veillez-y avec actions de grâces." Colossiens 4:2*

Il suffit de demander et de croire

> *"Tout ce que vous demanderez avec foi par la prière, vous le recevrez." Matthieu 21:22*
>
> *Demandez et vous recevrez, cherchez et vous trouverez, frappez et l'on vous ouvrira.*
>
> *Car quiconque demande reçoit, celui qui cherche trouve, et l'on ouvre à celui qui frappe.*
>
> *Lequel de vous donnera une pierre à son fils, s'il lui demande du pain?*

Ou, s'il demande un poisson, lui donnera-t-il un serpent?

Si donc, méchants comme vous l'êtes, vous savez donner de bonnes choses à vos enfants, à combien plus forte raison votre Père qui est dans les cieux donnera-t-il de bonnes choses à ceux qui les lui demandent. Matthieu 7.8

Demeurons donc dans sa présence, en lui demandant avec une entière confiance de faire en nous tout ce qu'Il désire pour sa gloire et la gloire de notre Seigneur Jésus-Christ Amen, Seigneur, Dieu, mon Père tout puissant, accomplis en moi toute ton oeuvre, au Nom de ton Fils Jésus-Christ, mon Sauveur.

Chapitre 6 - Les yeux ouverts

Lecture : Éphésiens 1.15/23 :

> *"Qu'il illumine les yeux de votre cœur, pour que vous sachiez quelle est l'espérance qui s'attache à son appel, quelle est la richesse de la gloire de son héritage qu'il réserve aux saints, et quelle est envers nous qui croyons l'infinie grandeur de sa puissance, se manifestant avec efficacité par la vertu de sa force." (Versets 18/19).*

Nous cherchons bien souvent au loin ce qui est sous nos yeux, parce que nous ne regardons pas au bon endroit ou encore nos yeux sont empêchés de voir.

Agar, la servante de Sarah, avait été chassée et s'était perdue dans le désert avec son fils. Tous les deux allaient mourir de soif, alors qu'ils se trouvaient auprès d'un puits, mais ils ne le voyaient pas. Certainement la peur et le désespoir les aveuglaient. Alors Dieu lui ouvrit les yeux, et elle vit un puits d'eau; elle alla remplir d'eau l'outre, et donna à boire à l'enfant : Genèse 21:19.

Deux disciples de Jésus, s'en allaient vers un village nommé Emmaüs, éloigné de Jérusalem de onze kilomètres et ils s'entretenaient de tout ce qui s'était passé.

> *"Pendant qu'ils parlaient et discutaient, Jésus s'approcha, et fit route avec eux. Mais leurs yeux étaient empêchés de le reconnaître (...) Lorsqu'ils furent près du village où ils allaient, il parut vouloir aller plus loin. Mais ils le pressèrent, en disant: Reste avec nous, car le soir approche, le jour est sur son déclin. Et il entra, pour rester avec eux. Pendant qu'il était à table avec eux, il prit le pain; et, après avoir rendu grâces, il le rompit, et le leur donna. Alors leurs yeux s'ouvrirent, et ils le reconnurent." Luc 24:13-16,28-31*

Pour différentes raisons, nous ne percevons pas ou voyons mal les choses que Dieu met devant nos yeux. Concernant surtout sa Parole, car nous lisons trop vite, ou machinalement. Nous ne savons pas nous arrêter et méditer lentement les Écritures. Nous avons besoin que le Seigneur ouvre notre esprit afin que nous comprenions ce qu'il nous dit : *Alors il leur ouvrit l'esprit, afin qu'ils comprissent les Ecritures. Luc 24:45.*

La prière de l'apôtre Paul, qui avait reçu de glorieuses et profondes révélations, était que Dieu ouvre, illumine les yeux de ceux à qui il s'adressait, afin qu'ils sachent certaines choses et parmi elles trois éléments importants de la foi :

. L'espérance qui est attachée à l'appel que Dieu nous adresse,
. La richesse de la gloire de l'héritage qu'il nous réserve,
. L'infinie grandeur de la puissance qu'Il veut manifester à notre égard.

Arrêtons-nous d'abord sur l'expression utilisée par l'apôtre : "Qu'IL illumine les yeux de votre cœur".

Il est question ici de donner à quelqu'un la révélation d'une chose par un éclairage particulier qui la met en évidence, la fait ressortir. Il s'agit d'ôter un voile qui couvre ou qui cache. En l'occurrence, l'apôtre prie afin que

> *"le Dieu de notre Seigneur Jésus-Christ, le Père de gloire, donne un esprit de sagesse et de révélation, dans sa connaissance." Éphésiens 1:17.*

Nous lisons dans la Parole de Dieu un récit dans lequel il est dit que le prophète Élisée a prié afin que l'Éternel ouvre les yeux de son serviteur, pour qu'il voit ce qui était naturellement invisible.

> *"Élisée pria, et dit: Éternel, ouvre ses yeux, pour qu'il voie. Et l'Éternel ouvrit les yeux du serviteur, qui vit la montagne pleine de chevaux et de chars de feu autour d'Élisée." 2 Rois 6:17*

Dans cette circonstance, Dieu a fait un miracle permettant à la vue naturelle de voir ce qui était normalement invisible.

Dans un autre passage de la Bible il est question d'un homme, Balaam, qui aveuglé par la cupidité s'en prenait à son ânesse :

> *"L'Éternel lui ouvrit les yeux , et il vit l'ange de l'Éternel qui se tenait sur le chemin, son épée nue dans la main; et il s'inclina, et se prosterna sur son visage." Nombres 22:31.*

Deux miracles se sont produit ce jour là : Dieu a donné la parole à une ânesse et a ouvert les yeux de Balaam afin qu'il vit l'ange de l'Éternel.

Concernant la prière de l'apôtre Paul, il s'agit d'accorder une vision spirituelle : ouvrir les yeux de l'esprit, c'est à dire donner à l'intelligence la connaissance réelle des choses spirituelles.

La notion de révélation est exprimée par le mot hébreu "galah" et le grec "apokaluptô (nom: apokalupsis)" qui signifie littéralement : ôter le voile.

Souvent les choses spirituelles sont cachées à nos yeux, pour différentes raisons, souvent à cause de l'incrédulité : *"Ils sont devenus durs d'entendement." 2 Cor. 3:14.*

Jésus a pleuré sur Jérusalem car les chefs d'Israël n'ont pas voulu croire en Lui et à cause de cela les choses par lesquelles ils auraient pu avoir la paix demeuraient cachées à leurs yeux : Luc 19.41.

Concernant la compréhension des Écritures, lorsque nous nous convertissons au Seigneur Jésus-Christ, le voile d'incompréhension est ôté : 2 Corinthiens 3:14-16.

La révélation venant de Dieu à pour objet tout ce qui le concerne, et tout ce qui concerne son Fils Jésus-Christ, son Esprit, sa Parole, toutes les choses du royaume de Dieu, les choses spirituelles qui ne peuvent être comprises par l'esprit naturel de l'homme.

> *"Mais, comme il est écrit, ce sont des choses que l'œil n'a point vues, que l'oreille n'a point entendues, et qui ne sont point montées au cœur de l'homme, des choses que Dieu a préparées pour ceux qui l'aiment. Dieu nous les a révélées par l'Esprit. Car l'Esprit sonde tout, même les profondeurs de Dieu." 1 Corinthiens 2.9/10*

Nous avons absolument besoin que l'Esprit de révélation nous donne la connaissance spirituelle, non seulement du texte écrit de la Parole de Dieu, mais aussi de la pensée, de la volonté et des desseins du Seigneur.

C'est le Saint-Esprit qui fait comprendre les Écritures, mais également réaliser la valeur des choses qui viennent de Dieu.

Nous nous contentons trop souvent d'approximations ou encore seulement des choses qui concernent notre vie quotidienne. Or nous vivons sur la terre environ 80 ans en moyenne, tandis que nous vivrons l'éternité, après notre vie terrestre. Nous devrions donc attacher plus d'importance à notre avenir éternel dont la connaissance détermine et édifie notre foi. C'est pour cela que l'enseignement de ces choses nous est donné.

L'apôtre Paul l'avait bien compris, lui qui faisait tout son possible pour en instruire les chrétiens et qui priait avec ferveur afin qu'ils entrent dans cette révélation. Réveillons-nous avec le désir profond et sincère de croître dans la connaissance spirituelle, car c'est ce que Dieu nous demande.

Prions afin que le Dieu de notre Seigneur Jésus-Christ, le Père de gloire, nous donne un esprit de sagesse et de révélation, dans sa connaissance ¨: Éphésiens 1:17.*

Pour ce qui est de notre espérance, de la gloire de notre héritage, de la puissance de Dieu envers nous, dont je vous parle ici, nous avons besoin que Dieu nous en révèle la valeur et la grandeur. Nous avons une grande espérance, celle qui est attachée à l'appel que Dieu nous a adressé, "notre vocation". C'est cette espérance qui anime les vrais croyants :

> *"Car il attendait la cité qui a de solides fondements, celle dont Dieu est l'architecte et le constructeur." Hébreux 11:10*

> *"C'est dans la foi qu'ils sont tous morts, sans avoir obtenu les choses promises; mais ils les ont vues et saluées de loin, reconnaissant qu'ils étaient étrangers et voyageurs sur la terre. Ceux qui parlent ainsi montrent qu'ils cherchent une patrie. S'ils avaient eu en vue celle d'où ils étaient sortis, ils auraient eu le temps d'y retourner. Mais maintenant ils en désirent une meilleure, c'est-à-dire une céleste. C'est pourquoi Dieu n'a pas honte d'être appelé leur Dieu, car il leur a préparé une cité." Hébreux 11.13*

> *"Certains ne pensent qu'aux choses de la terre, mais notre cité à nous est dans les cieux, d'où nous attendons aussi comme Sauveur le Seigneur Jésus-Christ." Philippiens 3:20.*

Nous avons un riche héritage

Il est nécessaire que nous ayons une meilleure vision de ce que Dieu nous a préparé dans le ciel. Bien sûr, ce n'est pas nos facultés intellectuelles qui peuvent nous faire prendre conscience de la réalité de cet héritage. Seul l'Esprit de Dieu nous en donne la révélation. Encore faut-il que nous en soyons préoccupés et sensibles. Nous devons nous soucier des choses d'en haut et nous y attacher : Colossiens 3:1.

La Parole de Dieu nous enseigne que notre héritage est le même que celui de Christ : "Or, si nous sommes enfants, nous sommes aussi héritiers: héritiers de Dieu, et cohéritiers de Christ, si toutefois nous souffrons avec lui, afin d'être glorifiés avec lui." Romains 8:17.

Nous avons un Dieu puissant

Nous devons savoir"*...quelle est envers nous qui croyons l'infinie grandeur de sa puissance, se manifestant avec efficacité par la vertu de sa force." Éphésiens 1:19.*

Nous sommes-nous arrêtés un instant pour réfléchir à la puissance de Dieu ? C'est une puissance infinie à laquelle toutes choses se soumettent. L'autorité et la puissance de Dieu sont au dessus de tout. Tout obéit à sa voix et rien ne résiste à sa force. Dieu a particulièrement déployé sa puissance

"...en ressuscitant Christ d'entre les morts, et en le faisant asseoir à sa droite dans les lieux célestes." Éphésiens 1:20.

C'est cette puissance que Dieu veut manifester envers nous qui croyons : Eph.1.19.

Nous qui croyons

La foi nous fait entrer dans toute la dimension du Royaume de Dieu, le monde de Dieu dans lequel Il règne en absolu souverain.

C'est le royaume du "Tout possible". Nous connaissons les textes : "Tout est possible à Dieu - Rien n'est impossible à Dieu", mais en sommes-nous suffisamment conscients ?

La force de la foi est en Dieu. Sans cela elle reste dans le domaine de l'autosuggestion.

Lorsque notre foi est placée en Dieu, alors nous pouvons nous attendre à l'accomplissement de l'impossible. La foi est le moyen qui ouvre au Dieu Tout-Puissant, El-Schaddaï, l'accès dans notre vie pour y accomplir ses œuvres.

Lorsque nous savons cela, nous nous sentons tellement différents. Notre vie devient le champ d'action de Dieu, son royaume dans lequel il établit son règne tout-puissant.

Oui ! Nous devons connaître qu'elle est envers nous qui croyons l'infinie grandeur de sa puissance. L'Éternel a donné à Moïse une réponse qui n'accepte aucune réplique :

> *"La main de l'Éternel serait-elle trop courte ? Tu verras maintenant si ce que je t'ai dit arrivera ou non."* Nombres 11:23.

Il avait déjà dit à Sarah :

> *"Y a-t-il rien qui soit étonnant de la part de l'Éternel ?"* Genèse 18:14.

Le prophète Esaïe affirme de la part de Dieu, que :

> *"la main de l'Éternel n'est pas trop courte pour sauver, Ni son oreille trop dure pour entendre."* Esaïe 59:1.

Le problème c'est que le Seigneur ne nous trouve pas là où il le désire :

> *"Je suis venu: pourquoi n'y avait-il personne ? J'ai appelé: pourquoi personne n'a-t-il répondu ? Ma main est-elle trop courte pour racheter? N'ai-je pas assez de force pour délivrer ?" Esaïe 50:2.*

Notre Seigneur Jésus-Christ nous a prévenus :

> *"Dieu ne fera-t-il pas justice à ses élus, qui crient à lui jour et nuit, et tardera-t-il à leur égard ? Je vous le dis, il leur fera promptement justice. Mais, quand le Fils de l'homme viendra, trouvera-t-il la foi sur la terre ?" Luc 18:7,8.*

En réfléchissant à tout cela, nous réalisons que nous avons besoin de croître dans la connaissance réelle de Dieu, afin que notre foi fasse plus de progrès. Plus nous prenons conscience que Dieu veut manifester sa puissance infinie en notre faveur, plus nous nous attendrons à son secours et le lui demanderons.

> *"Ils élevèrent à Dieu la voix tous ensemble, et dirent: Seigneur, toi qui as fait le ciel, la terre, la mer, et tout ce qui s'y trouve...donne à tes serviteurs d'annoncer ta parole avec une pleine assurance, en étendant ta main, pour qu'il se fasse des guérisons, des miracles et des prodiges, par le nom de ton saint serviteur Jésus. Quand ils eurent prié, le lieu où ils étaient assemblés trembla; ils furent tous remplis du Saint-Esprit, et ils annonçaient la parole de Dieu avec assurance." Actes 4.24/31*

Si seulement nous avions "un peu" de cette foi dont le Seigneur parle... Les disciples de Jésus demandèrent au Seigneur pourquoi ils n'avaient pu chasser un démon.

> *"C'est à cause de votre incrédulité, leur dit Jésus. Je vous le dis en vérité, si vous aviez de la foi comme un grain de sénevé, vous diriez à cette montagne: Transporte-toi d'ici là, et elle se transporterait; rien ne vous serait impossible." Matthieu 17:19,20.*

La foi, même petite, accompagnée de la prière, fait mouvoir la main puissante de l'Éternel notre Dieu, El-Schaddai, le Père de notre Seigneur Jésus-Christ, notre Père céleste. Alors rien n'est impossible !

Chapitre 7 - La souveraineté de Dieu

Il y a un nom dans la Bible qui souligne particulièrement la souveraineté de Dieu, c'est Adonaï = Seigneur.

C'est le nom qui marque l'autorité souveraine absolue de Dieu, sur toutes choses et toutes créatures. Il se présente dans Bible comme celui qui opère toutes choses d'après le conseil de sa volonté : Éphésiens 1.11.

Le Seigneur dit : *"Je forme la lumière, et je crée les ténèbres, Je donne la prospérité, et je crée l'adversité; Moi, l'Éternel, je fais toutes ces choses." Esaïe 45.9 ...*

David, roi et prophète, eut à cœur de construire un temple pour le culte à l'Éternel et il fit part de son projet à son ami le prophète Nathan : 1 Chroniques 17.1. C'était un bon projet, mais sa réalisation ne devait pas se dérouler selon la pensée des deux hommes :

"la nuit suivante, la parole de Dieu fut adressée à Nathan: Va dire à mon serviteur David: Ainsi parle l'Éternel: Ce ne sera pas toi qui me bâtiras une maison pour que j'en fasse ma demeure.../... Quand tes jours seront accomplis et que tu iras auprès de tes pères, j'élèverai ta postérité après toi, l'un de tes fils, et j'affermirai son règne. Ce sera lui qui me bâtira une maison, et j'affermirai pour toujours son trône." 17.3, 11.

David avait fait l'expérience que les choix et les décisions de Dieu était différents de ceux des hommes et il avait appris à se soumettre aux décisions de l'Éternel. Il accepta donc humblement le dessein de Dieu et il mit tout son cœur à préparer pour son fils la future construction. 1 Chroniques 29.2. Puis, rendant grâces à Dieu en présence de toute l'assemblée d'Israël, il prononça des paroles proclamant la souveraineté de Dieu en toutes choses :

"A toi, Éternel, la grandeur, la force et la magnificence, l'éternité et la gloire, car tout ce qui est au ciel et sur la terre t'appartient.

A toi, Éternel, le règne, car tu t'élèves souverainement au-dessus de tout!

C'est de toi que viennent la richesse et la gloire, c'est toi qui domines sur tout, c'est dans ta main que sont la force et la puissance, et c'est ta main qui a le pouvoir d'agrandir et d'affermir toutes choses." 1 Chroniques 29:11/12

Dieu est souverain.

En abordant ce sujet, nous devons considérer plusieurs éléments qui rentrent en compte dans ce que Dieu veut et fait, concernant :

. Ses desseins pour le monde

. Son plan de salut pour tous les hommes

. La construction et le gouvernement de l'Église de son Fils Jésus-Christ

. Notre vie personnelle

Dieu est souverain dans le gouvernement du monde.

Cela ne veut pas dire que la volonté de Dieu soit toujours faite et nous le voyons bien. Cela veut dire que Dieu voit, sait et contrôle tout ce qui se passe dans les cieux et sur la terre et que rien n'arrive sans qu'il l'ait permis.

> "Qui dira qu'une chose arrive, Sans que le Seigneur l'ait ordonnée?" Lamentations 3:37

Il est vrai que le diable a prétendu devant Jésus, que tous les royaumes du monde et leur gloire lui appartenaient. Nous voyons d'ailleurs que le monde entier est sous le pouvoir du malin, par toutes les choses horribles qui s'y déroulent : guerre, crimes, violence, haine, etc... Cependant le diable et ses démons ne sont pas livrés à toute leur volonté, autrement il y a longtemps que le monde aurait disparu.

Dieu contrôle tout ce qui se passe sur la terre et dans les cieux.

Tous les esprits, les bons et les méchants lui sont soumis et doivent lui rendre des comptes.

> "Or, les fils de Dieu vinrent un jour se présenter devant l'Éternel, et Satan vint aussi au milieu d'eux." Job 1:6

> "Or, les fils de Dieu vinrent un jour se présenter devant l'Éternel, et Satan vint aussi au milieu d'eux se présenter devant l'Éternel." Job 2:1

L'histoire de Job nous apprend que Satan lui-même ne peut aller au delà de ce que Dieu permet.

> *L'Eternel dit à Satan : Voici, tout ce qui lui appartient, je te le livre ; seulement, ne porte pas la main sur lui. Et Satan se retira de devant la face de l'Eternel. Job 1:12*
>
> *L'Eternel dit à Satan : Voici, je te le livre : seulement, épargne sa vie. Job 2:6*

Il y a dans la Bible, un récit étonnant dont nous ne comprenons pas toute la teneur. Dieu a livré un roi d'Israël à un esprit de mensonge qui s'est manifesté par les faux prophètes.

> *"Et Michée dit: Écoute donc la parole de l'Éternel! J'ai vu l'Éternel assis sur son trône, et toute l'armée des cieux se tenant auprès de lui, à sa droite et à sa gauche. Et l'Éternel dit: Qui séduira Achab, pour qu'il monte à Ramoth en Galaad et qu'il y périsse? Ils répondirent l'un d'une manière, l'autre d'une autre. Et un esprit vint se présenter devant l'Éternel, et dit: Moi, je le séduirai. L'Éternel lui dit: Comment? Je sortirai, répondit-il, et je serai un esprit de mensonge dans la bouche de tous ses prophètes. L'Éternel dit: Tu le séduiras, et tu en viendras à bout; sors, et fais ainsi! Et maintenant, voici, l'Éternel a mis un esprit de mensonge dans la bouche de tous tes prophètes qui sont là. Et l'Éternel a prononcé du mal contre toi." 1 Rois 22.19/23*

Des années auparavant, Dieu avait proclamé par la bouche du prophète Élie, un jugement contre la maison d'Achab et le jour était arrivé. Dieu avait les yeux sur Achab depuis longtemps, comme il a les yeux sur tous les être humains, sur toutes les créatures célestes, sur le diable et ses démons, même s'il nous semble qu'il tarde dans ses jugements.

L'apôtre Pierre écrit : *"Le Seigneur ne tarde pas dans l'accomplissement de la promesse, comme quelques-uns le croient; mais il use de patience envers vous, ne voulant pas qu'aucun périsse, mais voulant que tous arrivent à la repentance." 2 Pierre 3:9.*

L'apôtre Paul prêchait que le Dieu vivant qui a fait le ciel, la terre, la mer et tout ce qui s'y trouve, Le Seigneur du ciel et de la terre, qui donne à tous la vie, le mouvement et l'être, laisse les nations suivre leur propre voies, jusqu'au jour ou il les visite pour les appeler à la repentance ou pour exercer ses jugements.

> *"Ce Dieu, dans les âges passés, a laissé toutes les nations suivre leurs propres voies, quoiqu'il n'ait cessé de rendre témoignage de ce qu'il est, en faisant du bien, en vous dispensant du ciel les pluies et les saisons fertiles, en vous donnant la nourriture avec abondance et en remplissant vos cœurs de joie." Actes 14.16/17*

> *"Dieu, sans tenir compte des temps d'ignorance, annonce maintenant à tous les hommes, en tous lieux, qu'ils aient à se repentir, parce qu'il a fixé un jour où il jugera le monde selon la justice, par l'homme qu'il a désigné, ce dont il a donné à tous une preuve certaine en le ressuscitant des morts..." Actes 17.30/31*

Donc Dieu, l'Éternel, le Créateur Tout Puissant, regarde la terre et le monde. Il a fixé pour le monde une échéance qui peut nous paraître lointaine, mais ce qu'il a décidé depuis toute éternité s'accomplira :

> *"Comme la pluie et la neige descendent des cieux, Et n'y retournent pas Sans avoir arrosé, fécondé la terre, et fait germer les plantes, Sans avoir donné de la semence au semeur Et du pain à celui qui mange, Ainsi en est-il de ma parole, qui sort de ma bouche: Elle ne retourne point à moi sans effet, Sans avoir exécuté ma volonté Et accompli mes desseins." Esaïe 55.10/11*

Un autre récit de la Bible aide à comprendre la souveraineté de Dieu, c'est l'histoire de Nébucadnetsar, ce roi puissant de Babylone que L'Éternel avait utilisé pour exécuter ses jugements contre Israël à cause de leurs nombreux péchés et de leur idolâtrie. Un jour, Nébucadnetsar, arrivé au sommet de sa gloire, s'est glorifié de sa puissance.

> *"Au bout de douze mois, comme il se promenait dans le palais royal à Babylone, le roi prit la parole et dit: N'est-ce pas ici Babylone la grande, que j'ai bâtie, comme résidence royale, par la puissance de ma force et pour la gloire de ma magnificence?" Daniel 4. 29/30*

> *"Au même instant la parole s'accomplit sur Nebucadnetsar. Il fut chassé du milieu des hommes, il mangea de l'herbe comme les bœufs, son corps fut trempé de la rosée du ciel; jusqu'à ce que ses cheveux crussent comme les plumes des aigles, et ses ongles comme ceux des oiseaux. Après le temps marqué, moi, Nebucadnetsar, je levai les yeux vers le ciel, et la raison me revint. J'ai béni le Très-Haut, j'ai loué et glorifié celui qui vit éternellement, celui dont la domination est une domination éternelle, et dont le règne subsiste de génération en génération. Tous les habitants de la*

> *terre ne sont à ses yeux que néant: il agit comme il lui plaît avec l'armée des cieux et avec les habitants de la terre, et il n'y a personne qui résiste à sa main et qui lui dise: Que fais-tu? En ce temps, la raison me revint; la gloire de mon royaume, ma magnificence et ma splendeur me furent rendues; mes conseillers et mes grands me redemandèrent; je fus rétabli dans mon royaume, et ma puissance ne fit que s'accroître. Maintenant, moi, Nebucadnetsar, je loue, j'exalte et je glorifie le roi des cieux, dont toutes les oeuvres sont vraies et les voies justes, et qui peut abaisser ceux qui marchent avec orgueil. Le Très-Haut domine sur le règne des hommes, Il le donne à qui il lui plaît, Il y élève le plus vil des hommes." Daniel 4.33/37*

Nous croyons que les empires, les royaumes et les gouvernements du monde détiennent le pouvoir absolu et nous oublions trop souvent qu'il y a dans les cieux un Dieu qui veille et qui domine sur le règne des hommes. Même s'il les laisse suivre un temps leur propre chemin, le jour où Dieu le décide il intervient avec puissance et rien ne lui résiste !

> *"Pourquoi ce tumulte parmi les nations, Ces vaines pensées parmi les peuples?*
>
> *Pourquoi les rois de la terre se soulèvent-ils Et les princes se liguent-ils avec eux Contre l'Éternel et contre son oint? -Brisons leurs liens, Délivrons-nous de leurs chaînes! -Celui qui siège dans les cieux rit, Le Seigneur se moque d'eux. Puis il leur parle dans sa colère, Il les épouvante dans sa fureur: C'est moi qui ai oint mon roi Sur Sion, ma montagne sainte!" Psaume 2.1/6*

Nous pourrions être effrayés par des forces ou des puissances qui voudraient nous abattre, mais toutes les puissances, toutes les dominations, toutes les autorités, tous les princes et les grands de ce monde, les éléments naturels qui parfois se déchaînent ... n'ont de pouvoir que dans les limites de la volonté de Dieu !

> *"Qui a fermé la mer avec des portes, Quand elle s'élança du sein maternel; Quand je fis de la nuée son vêtement, Et de l'obscurité ses langes; Quand je lui imposai ma loi, Et que je lui mis des barrières et des portes; Quand je dis: Tu viendras jusqu'ici, tu n'iras pas au delà; Ici s'arrêtera l'orgueil de tes flots? Job 38.8/11*

Dieu est souverain pour le salut des êtres humains

Il a conçu un plan pour notre salut, un salut unique accessible à tous, par le moyen le plus simple à la portée de chacun, la foi en son fils Jésus-Christ. Nous devrions savoir que Dieu n'agit pas à l'improviste, mais qu'il prévoit les choses avant même qu'elles se produisent.

> "J'annonce dès le commencement ce qui doit arriver, Et longtemps d'avance ce qui n'est pas encore accompli; Je dis: Mes arrêts subsisteront, Et j'exécuterai toute ma volonté." Esaïe 46:10

Dieu dit à Israël, par la bouche de son prophète :

> "Car je savais que tu serais infidèle, Et que dès ta naissance tu fus appelé rebelle. Esaïe 48.6/8

C'est parce que Dieu connaît toutes choses avant qu'elles arrivent qu'Il peut anticiper et prévoir la meilleure réponse. Et la meilleure solution pour notre salut a été que Dieu envoie son propre Fils avec un corps comme le notre, pour être l'agneau qui expie les péchés par son sang précieux afin de nous racheter.

Jésus de Nazareth a été livré selon le dessein arrêté et selon la prescience de Dieu : Actes 2.22/23.

> "... un agneau sans défaut et sans tache, prédestiné avant la fondation du monde," 1 Pierre 1.18/21

> "Dieu a accompli de la sorte ce qu'il avait annoncé d'avance par la bouche de tous ses prophètes, que son Christ devait souffrir." Actes 3:18.

> "En effet, contre ton saint serviteur Jésus, que tu as oint, Hérode et Ponce Pilate se sont ligués dans cette ville avec les nations et avec les peuples d'Israël, pour faire tout ce que ta main et ton conseil avaient arrêté d'avance." Actes 4.27/28

Dieu est souverain dans le gouvernement de l'Église

Les apôtre savaient, reconnaissaient et proclamaient, la souveraineté de Dieu en toutes choses :

> *"Après avoir été relâchés, ils allèrent vers les leurs, et racontèrent tout ce que les principaux sacrificateurs et les anciens leur avaient dit. Lorsqu'ils l'eurent entendu, ils élevèrent à Dieu la voix tous ensemble, et dirent: Seigneur, toi qui as fait le ciel, la terre, la mer, et tout ce qui s'y trouve, c'est toi qui as dit par le Saint-Esprit, par la bouche de notre père, ton serviteur David: Pourquoi ce tumulte parmi les nations, Et ces vaines pensées parmi les peuples? Les rois de la terre se sont soulevés, Et les princes se sont ligués Contre le Seigneur et contre son Oint. En effet, contre ton saint serviteur Jésus, que tu as oint, Hérode et Ponce Pilate se sont ligués dans cette ville avec les nations et avec les peuples d'Israël, pour faire tout ce que ta main et ton conseil avaient arrêté d'avance."* Actes 4.23/28

Ils traversaient un moment difficile avec l'opposition violente des chefs religieux, mais ils confessaient la souveraineté de Dieu : Ils priaient le Seigneur du ciel et de la terre.

Si nous en étions davantage conscients, nous serions beaucoup plus sereins dans certaines situations et plus obéissants à sa Parole et à son Esprit dans nos entreprises. Nous nous conduisons souvent comme si Dieu avait décidé de nous confier toutes les rênes de son attelage et ne s'occupait plus de rien. Nous voyons l'Eglise de Jésus-Christ à notre échelle et les "églises" que nous créons, dirigeons ou fréquentons, à la mesure de notre propre raisonnement ou conception. Nous avons oubliés certaines paroles de Jésus, le chef de l'Église :

> *"Jésus, s'étant approché, leur parla ainsi: Tout pouvoir m'a été donné dans le ciel et sur la terre. Allez, faites de toutes les nations des disciples, les baptisant au nom du Père, du Fils et du Saint-Esprit, et enseignez-leur à observer tout ce que je vous ai prescrit. Et voici, je suis avec vous tous les jours, jusqu'à la fin du monde." Matthieu 28.18/20*

> *Quand le consolateur sera venu, l'Esprit de vérité, il vous conduira dans toute la vérité; car il ne parlera pas de lui-même, mais il dira tout ce qu'il aura entendu, et il vous annoncera les choses à venir." Jean 16:13 "*

C'est Jésus le chef de l'Église, c'est "Dieu le Père qui y opère toutes choses d'après le conseil de sa volonté", c'est "le Saint-Esprit qui accorde à chacun ses dons comme il veut" ! 1 Corinthiens 12.

Dieu est souverain dans l'Église et si parfois des pans entiers s'effondrent, il le sait. Il voit des choses que nous ignorons et il sait quand ses jugements doivent intervenir.

La plupart des chrétiens pensent et affirment que "leur église" est établie selon la volonté de Dieu. Cependant beaucoup de ces églises sont tout simplement des entreprises d'hommes qui ne se soucient pas de connaître réellement le dessein du Chef de l'Église. Alors, un jour, un grave problème surgit et l'église disparaît !

Vous croyez que j'exagère, cela arrive tous les jours. Alors les gens pleurent et ne comprennent pas. Ils accusent le diable, mais ils oublient que le diable ne peut aller que jusqu'où l'Éternel, le Seigneur du ciel et de la terre, le permet. Nous donnons à Satan beaucoup trop de pouvoirs. Il ne peut agir que dans les limites que Dieu a fixées de sa propre autorité.

Dieu est souverain pour notre propre vie

Il y a une chose qui est commune à beaucoup d'être humains : Il pensent que leur naissance et leur vie sont un accident ou encore le fait du vouloir de leurs parents.

David un homme ordinaire mais inspiré par l'Esprit de Dieu, a considéré la souveraineté de Dieu dans sa propre existence :

> *"Éternel! tu me sondes et tu me connais, Tu sais quand je m'assieds et quand je me lève, Tu pénètres de loin ma pensée; Tu sais quand je marche et quand je me couche, Et tu pénètres toutes mes voies.*
>
> *Tu m'entoures par derrière et par devant, Et tu mets ta main sur moi. Où irais-je loin de ton esprit, Et où fuirais-je loin de ta face? Si je monte aux cieux, tu y es; Si je me couche au séjour des morts, t'y voilà. Si je prends les ailes de l'aurore, Et que j'aille habiter à l'extrémité de la mer, Là aussi ta main me conduira, Et ta droite me saisira. Si je dis: Au moins les ténèbres me couvriront, La nuit devient lumière autour de moi; Même les ténèbres ne sont pas obscures pour toi, La nuit brille comme le jour, Et les ténèbres comme la lumière.*
>
> *C'est toi qui as formé mes reins, Qui m'as tissé dans le sein de ma mère. Je te loue de ce que je suis une créature si merveilleuse.*
>
> *Tes œuvres sont admirables, Et mon âme le reconnaît bien.*
>
> *Mon corps n'était point caché devant toi, Lorsque j'ai été fait dans un lieu secret, Tissé dans les profondeurs de la terre. Quand je n'étais qu'une masse informe, tes yeux me voyaient; Et sur ton livre étaient tous inscrits Les jours qui m'étaient destinés, Avant qu'aucun d'eux existât.*

Que tes pensées, ô Dieu, me semblent impénétrables! Que le nombre en est grand! Si je les compte, elles sont plus nombreuses que les grains de sable. Je m'éveille, et je suis encore avec toi. (versets 13 à 18)" Psaume139.1

Voilà une confession de foi extraordinaire pour la simple raison que David un homme ordinaire avait compris et accepté sa dépendance vis à vis de Dieu. Son témoignage n'est pas anodin car c'est l'Esprit de dieu qui a poussé le psalmiste a l'exprimer

Un passage des Ecritures m'interpelle particulièrement :

"Hommes frères, il fallait que s'accomplît ce que le Saint-Esprit, dans l'Écriture, a annoncé d'avance, par la bouche de David, au sujet de Judas, qui a été le guide de ceux qui ont saisi Jésus." Actes 1:16

Retenons cela : Ce que le Saint-Esprit ... dans l'Écriture ... a annoncé ... par la bouche de David.

David était la bouche du Saint-Esprit ... David était prophète ... Actes 2.30.

Si j'avais douté de l'inspiration divine de la Bible, cette seule parole suffit à me convaincre et il y en a beaucoup d'autres.

Non je ne suis pas un accident ! Vous n'êtres pas un accident !

Dieu a présidé à votre naissance. Il connaît tout de votre vie : de votre passé, de votre présent et de votre avenir. Il sait combien de temps vous et moi, allons vivre sur la terre.

"Sur son livre sont tous inscrits les jours qui me sont destinés, avant qu'aucun d'eux existe."

Et il veille sur moi, comme sur chacun de vous et à plus forte raison lorsque nous nous confions en lui, comme le proclame encore le psalmiste :

"Mais en toi je me confie, ô Éternel! Je dis: Tu es mon Dieu! Mes destinées sont dans ta main." Psaume 31.14

Lorsque nous avons quelques raisons d'être inquiets cette parole nousrassure : "Mes destinées sont dans sa main."

Écoutons encore, juste quelques passages de la Parole de Dieu parmi tant d'autres, des paroles que le Saint-Esprit a dit par la bouche des hommes qu'Il inspirait :

> *... Dieu lui-même a dit: Je ne te délaisserai point, et je ne t'abandonnerai point. C'est donc avec assurance que nous pouvons dire: Le Seigneur est mon aide, je ne craindrai rien; Que peut me faire un homme?" Hébreux 13.5/6 "*

> *"et déchargez-vous sur lui de tous vos soucis, car lui-même prend soin de vous." 1 Pierre 5:7*

> *"Ne vend-on pas deux passereaux pour un sou? Cependant, il n'en tombe pas un à terre sans la volonté de votre Père. Et même les cheveux de votre tête sont tous comptés. Ne craignez donc point: vous valez plus que beaucoup de passereaux." Matthieu 10.29/31 .*

Rien ni personne ne pourra me faire quoi que ce soit sans la volonté de Dieu. Il est souverain sur ma vie. Il m'est arrivé de commettre des erreurs dont j'ai subi les conséquences, mais j'ai vu que la miséricorde et la bienveillance de Dieu ont tempéré ses justes jugements et Il a réparé des choses que j'avais cassées.

Il est évident que beaucoup de choses se produisent sans que Dieu intervienne, et semblent être en dehors ou contre sa volonté. Je vous rappelle ce que j'écris plus haut :

> *Dieu est souverain dans le gouvernement du monde, mais cela ne veut pas dire que sa volonté soit toujours faite et nous le voyons bien. Cela veut dire que Dieu voit, sait et contrôle tout ce qui se passe dans les cieux et sur la terre et que rien n'arrive sans qu'il l'ait permis.*

Cela veut aussi dire qu'Il laisse les humains qui ne veulent pas se confier en lui suivre leurs propres voies. Alors il sont eux mêmes responsables de leur sort.

Mais lorsque nous nous plaçons sous son gouvernement, afin qu'il nous dirige et nous protège, nous pouvons être confiants :

> *"Faites–vous petits sous la main puissante de Dieu, pour qu'il vous honore quand le moment sera venu." 1 Pierre 5.6/8*

Mettez tous vos soucis dans la main de Dieu, parce qu'il prend soin de vous. Écoutons encore pour conclure :

"Les voies de Dieu sont parfaites, La parole de l'Éternel est éprouvée; Il est un bouclier pour tous ceux qui se confient en lui." 2 Samuel 22:31

"Pourquoi dis-tu ... : Ma destinée est cachée devant l'Éternel, Mon droit passe inaperçu devant mon Dieu? Ne le sais-tu pas? ne l'as-tu pas appris? C'est le Dieu d'éternité, l'Éternel, Qui a créé les extrémités de la terre; Il ne se fatigue point, il ne se lasse point; On ne peut sonder son intelligence. Il donne de la force à celui qui est fatigué, Et il augmente la vigueur de celui qui tombe en défaillance. Les adolescents se fatiguent et se lassent, Et les jeunes hommes chancellent; Mais ceux qui se confient en l'Éternel renouvellent leur force. Ils prennent le vol comme les aigles; Ils courent, et ne se lassent point, Ils marchent, et ne se fatiguent point." Esaïe 40:27/31

Chapitre 8 - La gloire de Dieu

Beaucoup de choses sont dites sur la gloire de Dieu, parfois surprenantes et difficiles à croire. Les Écritures (pas les commentaires des Écritures) sont encore le plus sûr critère pour définir ce qu'est cette gloire divine. L'Ancien Testament en parle mais également le NT, surtout dans la personne du Seigneur Jésus-Christ, le Fils unique venu du Père.

> *"Et la parole a été faite chair, et elle a habité parmi nous, pleine de grâce et de vérité; et nous avons contemplé sa gloire, une gloire comme la gloire du Fils unique venu du Père." Jean 1:14*

La nuit de la naissance du Seigneur Jésus a été particulièrement marquée par la manifestation de la Gloire de Dieu :

> *"Il y avait, dans cette même contrée, des bergers qui passaient dans les champs les veilles de la nuit pour garder leurs troupeaux. Et voici, un ange du Seigneur leur apparut, et la gloire du Seigneur resplendit autour d'eux. Ils furent saisis d'une grande frayeur. Mais l'ange leur dit: Ne craignez point; car je vous annonce une bonne nouvelle, qui sera pour tout le peuple le sujet d'une grande joie: c'est qu'aujourd'hui, dans la ville de David, il vous est né un Sauveur, qui est le Christ, le Seigneur. Et voici à quel signe vous le reconnaîtrez: vous trouverez un enfant emmailloté et couché dans une crèche. Et soudain il se joignit à l'ange une multitude de l'armée céleste, louant Dieu et disant: Gloire à Dieu dans les lieux très hauts, Et paix sur la terre parmi les hommes qu'il agrée !" Luc 2.814*

Jésus a manifesté la gloire de Dieu, sous différentes formes, mais le plus souvent par la manifestation de ses miracles.

"Tel fut, à Cana en Galilée, le premier des miracles que fit Jésus. Il manifesta sa gloire, et ses disciples crurent en lui." Jean 2:11

Lorsque Lazare l'ami de Jésus tomba gravement malade, le Seigneur affirma que cette maladie glorifierait Dieu. Nous comprenons que c'est par l'intervention miraculeuse de Jésus, dans la résurrection de son ami, que Dieu a été glorifié.

> *"Après avoir entendu cela, Jésus dit: Cette maladie n'est point à la mort; mais elle est pour la gloire de Dieu, afin que le Fils de Dieu soit glorifié par elle." Jean 11:4*

"Jésus lui dit: Ne t'ai-je pas dit que, si tu crois, tu verras la gloire de Dieu ?" Jean 11:40

L'expression "la gloire de Dieu" désigne différentes manifestations de la présence divine, comme nos allons le voir. Mais il est important de reconnaître que la présence du Seigneur est toujours active.

Lorsque nous pensons à la gloire de Dieu ou au royaume de Dieu, nous croyons souvent qu'il s'agit de ce qui se passera lorsque Jésus reviendra. Mais comme je l'explique dans les exposés précédents sur le Royaume de Dieu, il y a une réalité présente dans la vie de ceux qui croient pour la manifestation du royaume et de la gloire de Dieu. .

La Bible est pleine des récits de miracles qui se produisent lorsque Dieu manifeste sa présence. A chaque fois nous pouvons parler de "La gloire de Dieu". Dieu est le Dieu des miracles et il est dommage que nous laissions trop souvent de côté cet aspect de la nature même de l'Éternel, qui ne change pas.

Son nom c'est "l'Être invariable" – Celui qui s'appelle "JE SUIS". Il est "le Père des lumières, chez lequel il n'y a ni changement ni ombre de variation." Jacques 1:17,

Jésus-Christ "le même, hier, aujourd'hui et éternellement." Hébreux 13.8

Le Seigneur Jésus-Christ est venu avec la gloire de son Père. Si nous voulons connaître Dieu, il nous faut observer Jésus.

"Personne n'a jamais vu Dieu; le Fils unique, qui est dans le sein du Père, est celui qui l'a fait connaître." Jean 1:18

La vie terrestre de Jésus a été remplie des miracles que le Père lui a donné de faire. Jean 14.10

Les miracles que Jésus accomplissait, ont fait dire à l'apôtre Jean : *"Nous avons contemplé sa gloire, une gloire comme la gloire du Fils unique venu du Père."*

En dehors des manifestations miraculeuses que dieu opère, d'autres éléments rendent témoignages de la gloire de Dieu.

"Les cieux racontent la gloire de Dieu, Et l'étendue manifeste l'œuvre de ses mains. Le jour en instruit un autre jour, La nuit en donne connaissance à une autre nuit. Ce n'est pas un langage, ce ne sont pas des paroles dont

le son ne soit point entendu." Psaumes 19:1/3

Certains considèrent la création comme une œuvre naturelle, produit d'une lente évolution de la matière et des espèces, à partir d'infimes cellules vivantes. . Lisons plutôt ces quelques textes :

"Il a crée la terre par sa puissance, Il a fondé le monde par sa sagesse, Il a étendu les cieux par son intelligence." Jérémie 51:15

"Levez vos yeux en haut, et regardez! Qui a créé ces choses? Qui fait marcher en ordre leur armée? Il les appelle toutes par leur nom; Par son grand pouvoir et par sa force puissante, Il n'en est pas une qui fasse défaut." Esaïe 40:26

Qu'ils louent le nom de l'Éternel! Car il a commandé, et ils ont été créés." Psaumes 148:5 "

En créant le monde Dieu a manifesté toute sa puissance glorieuse, ses perfections invisibles : *"le monde a été formé par la parole de Dieu, en sorte que ce qu'on voit n'a pas été fait de choses visibles." Hébreux 11:3.*

Des hommes ont vu la gloire de l'Éternel Dieu et en ont rendu témoignage :

Moïse

"La gloire de l'Éternel reposa sur la montagne de Sinaï, et la nuée la couvrit pendant six jours. Le septième jour, l'Éternel appela Moïse du milieu de la nuée."

L'aspect de la gloire de l'Éternel était comme un feu dévorant sur le sommet de la montagne, aux yeux des enfants d'Israël. A cette occasion la gloire de l'Éternel est apparue comme un feu ardent sur le sommet de la montagne. Il n'en sera pas toujours ainsi, dans d'autres circonstances elle se manifestera différemment. Exode 24:16/17

"Moïse dit: Fais-moi voir ta gloire! L'Éternel répondit: Je ferai passer devant toi toute ma bonté, et je proclamerai devant toi le nom de l'Éternel; je fais grâce à qui je fais grâce, et miséricorde à qui je fais miséricorde. L'Éternel dit: Tu ne pourras pas voir ma face, car l'homme ne peut me voir et vivre. L' Éternel dit: Voici un lieu près de moi; tu te tiendras sur le rocher. Quand ma gloire passera, je te mettrai dans un creux du rocher, et

je te couvrirai de ma main jusqu'à ce que j'aie passé. Et lorsque je retournerai ma main, tu me verras par derrière, mais ma face ne pourra pas être vue." Exode 33.18/23

"L'Éternel descendit dans une nuée, se tint là auprès de lui, et proclama le nom de l'Éternel. Et l' Éternel passa devant lui et s'écria: L'Éternel, l'Éternel, Dieu miséricordieux et compatissant, lent à la colère, riche en bonté et en fidélité, qui conserve son amour jusqu'à mille générations, qui pardonne l'iniquité, la rébellion et le péché, mais qui ne tient point le coupable pour innocent, et qui punit l'iniquité des pères sur les enfants et sur les enfants des enfants jusqu'à la troisième et à la quatrième génération! Aussitôt Moïse s'inclina à terre et se prosterna." Exode 34.5/8

Le peuple d'Israël à plusieurs reprises :

"Moïse et Aaron dirent à tous les enfants d'Israël: Ce soir, vous comprendrez que c'est l'Éternel qui vous a fait sortir du pays d'Égypte. Et, au matin, vous verrez la gloire de l'Éternel, parce qu'il a entendu vos murmures contre l'Éternel; car que sommes-nous, pour que vous murmuriez contre nous? Moïse dit: L'Éternel vous donnera ce soir de la viande à manger, et au matin du pain à satiété, parce que l'Éternel a entendu les murmures que vous avez proférés contre lui; car que sommes-nous? Ce n'est pas contre nous que sont vos murmures, c'est contre l'Éternel. Moïse dit à Aaron: Dis à toute l'assemblée des enfants d'Israël: Approchez-vous devant l'Éternel, car il a entendu vos murmures. Et tandis qu'Aaron parlait à toute l'assemblée des enfants d'Israël, ils se tournèrent du côté du désert, et voici, la gloire de l'Éternel parut dans la nuée." Exode 16.6/10

"Alors la nuée couvrit la tente d'assignation, et la gloire de l'Éternel remplit le tabernacle. Moïse ne pouvait pas entrer dans la tente d'assignation, parce que la nuée restait dessus, et que la gloire de l'Éternel remplissait le tabernacle." Exode 40:34/35

"Moïse dit: Vous ferez ce que l'Éternel a ordonné; et la gloire de l'Éternel vous apparaîtra." Lévitique 9:6

"Moïse et Aaron entrèrent dans la tente d'assignation. Lorsqu'ils en sortirent, ils bénirent le peuple. Et la gloire de l'Éternel apparut à tout le peuple." Lévitique 9:23

"Toute l'assemblée parlait de les lapider, lorsque la gloire de l'Éternel apparut sur la tente d'assignation, devant tous les enfants d'Israël." Nombres 14:10

"Et Koré convoqua toute l'assemblée contre Moïse et Aaron, à l'entrée de la tente d'assignation. Alors la gloire de l'Éternel apparut à toute l'assemblée." Nombres 16:19

"Comme l'assemblée se formait contre Moïse et Aaron, et comme ils tournaient les regards vers la tente d'assignation, voici, la nuée la couvrit, et la gloire de l'Éternel apparut." Nombres 16:42

"Moïse et Aaron s'éloignèrent de l'assemblée pour aller à l'entrée de la tente d'assignation. Ils tombèrent sur leur visage; et la gloire de l'Éternel leur apparut." Nombres 20:6

Dans ces circonstances la gloire de Dieu se manifestait par une lumière étincelante dans une nuée.

Plus tard Dieu manifesta aussi sa gloire dans le Temple à Jérusalem :

"Lorsque Salomon eut achevé de prier, le feu descendit du ciel et consuma l'holocauste et les sacrifices, et la gloire de l'Éternel remplit la maison. Les sacrificateurs ne pouvaient entrer dans la maison de l'Éternel, car la gloire de l'Éternel remplissait la maison de l'Éternel. Tous les enfants d'Israël virent descendre le feu et la gloire de l'Éternel sur la maison; ils s'inclinèrent le visage contre terre sur le pavé, se prosternèrent et louèrent l'Éternel, en disant: Car il est bon, car sa miséricorde dure à toujours!" 2 Chroniques 7:1/3

Le prophète Esaïe a vu sa gloire.

"L'année de la mort du roi Ozias, je vis le Seigneur assis sur un trône très élevé, et les pans de sa robe remplissaient le temple. Des séraphins se tenaient au-dessus de lui; ils avaient chacun six ailes; deux dont ils se couvraient la face, deux dont ils se couvraient les pieds, et deux dont ils se servaient pour voler. Ils criaient l'un à l'autre, et disaient: Saint, saint, saint est l'Éternel des armées! toute la terre est pleine de sa gloire! Les portes furent ébranlées dans leurs fondements par la voix qui retentissait, et la maison se remplit de fumée." Esaïe 6.1/4 - Jean 12.41 -

Ézéchiel.

"Tel l'aspect de l'arc qui est dans la nue en un jour de pluie, ainsi était l'aspect de cette lumière éclatante, qui l'entourait: c'était une image de la gloire de l'Éternel. A cette vue, je tombai sur ma face, et j'entendis la voix de quelqu'un qui parlait." Ézéchiel 1:28

Dans ces récits, la gloire de Dieu est manifestée par des apparitions éclatantes, un feu qui produit une lumière étincelante :

"Je vis encore comme de l'airain poli, comme du feu, au dedans duquel était cet homme, et qui rayonnait tout autour; depuis la forme de ses reins jusqu'en haut, et depuis la forme de ses reins jusqu'en bas, je vis comme du feu, et comme une lumière éclatante, dont il était environné. Tel l'aspect de l'arc qui est dans la nue en un jour de pluie, ainsi était l'aspect de cette lumière éclatante, qui l'entourait: c'était une image de la gloire de l'Éternel. A cette vue, je tombai sur ma face, et j'entendis la voix de quelqu'un qui parlait. Il me dit: Fils de l'homme, tiens-toi sur tes pieds, et je te parlerai. Dès qu'il m'eut adressé ces mots, l'esprit entra en moi et me fit tenir sur mes pieds; et j'entendis celui qui me parlait." Ézéchiel 1.26/28

Trois disciples de Jésus, Pierre, Jacques et Jean, ont eu sur la montagne, la vision du Seigneur tel qu'il sera au jour de son avènement :

Il fut transfiguré devant eux : son visage se mit à briller comme le soleil, et ses vêtements devinrent blancs comme la lumière. Matthieu 17:2

Pierre en témoigne en écrivant *"Ce n'est pas, en effet, en suivant des fables habilement conçues, que nous vous avons fait connaître la puissance et l'avènement de notre Seigneur Jésus-Christ, mais c'est comme ayant vu sa majesté de nos propres yeux. Car il a reçu de Dieu le Père honneur et gloire, quand la gloire magnifique lui fit entendre une voix qui disait: Celui-ci est mon Fils bien-aimé, en qui j'ai mis toute mon affection. Et nous avons entendu cette voix venant du ciel, lorsque nous étions avec lui sur la sainte montagne." 2 Pierre 1.16/18*

Saul de Tarse sur le chemin de Damas a expérimenté la puissance de la gloire de Jésus, lorsque celui-ci lui apparut dans une lumière étincelante : Actes 9.1/9.

Enfin l'apôtre Jean a vécu des moments ineffables de la gloire de Dieu, lors des visions de l'Apocalypse. Nous voyons dans ces récits, combien la manifestation de la

Gloire de Dieu peut impressionner ceux qui en sont témoins, jusqu'à les terrasser.

Mais, la gloire de Dieu, se manifeste sous des formes diverses. Beaucoup en ont été témoins, non seulement ceux cités dans la Bible, mais encore tous ceux qui d'une manière ou d'une autre ont vécu la manifestation surnaturelle de l'intervention de Dieu dans leur vie par des miracles, des guérisons et des délivrances, par le baptême et les dons miraculeux du Saint-Esprit, par des visions, dans des songes et autres manifestations de la puissance de Dieu.

Nous n'avons pas à éliminer, ni à privilégier une forme par rapport à une autre. Tout ce que le Seigneur propose pour l'avancement de son règne, l'édification de ses enfants et la gloire de son nom, doit être retenu et recherché.

Il existe deux façons de nous comporter face aux manifestations surnaturelles :

. soit le refus, sous différents prétextes, des miracles ou de l'action évidente du Saint-Esprit par ses dons

. soit des comportements d'extravagance, produisant des hallucinations individuelles ou collectives, qui n'ont rien à voir avec les miracles de Dieu,

Nous ne pouvons accepter ni l'un, ni l'autre. Il y a un équilibre à trouver et à appliquer.

Il est nécessaire d'avoir la foi sans restriction dans les miracles, y aspirer et les demander dans la prière persévérante, même si la manifestation de la puissance divine dérange notre conception d'une piété bien tranquille et conformiste.

Il est également indispensable d'avoir le discernement des esprits (un des dons surnaturels accordé par le Saint-Esprit : 1 Cor.12.10), afin de connaître l'origine des manifestations, car nos facultés naturelles ne sont pas suffisantes pour discerner la réalité spirituelle ou surnaturelle de ces choses.

Certains disent que demander des miracles c'est de l'incrédulité ! Il ne faut pas inverser les choses ! Je crois plutôt que ne pas rechercher et demander les miracles de Dieu, c'est cela l'incrédulité...

> *"L'Éternel parla de nouveau à Achaz, et lui dit: Demande en ta faveur un signe à l'Éternel, ton Dieu; demande-le, soit dans les lieux bas, soit dans les lieux élevés. Achaz répondit: Je ne demanderai rien, je ne tenterai pas l'Éternel. Esaïe dit alors: Écoutez donc, maison de David! Est-ce trop peu pour vous de lasser la patience des hommes, Que vous lassiez encore celle de mon Dieu? C'est pourquoi le Seigneur lui-même vous donnera un signe,*

Voici, la jeune fille deviendra enceinte, elle enfantera un fils, Et elle lui donnera le nom d'Emmanuel." Esaïe 7.10/14

Dieu veut être glorifier

Il faut que nous recherchions à glorifier Dieu avant toute chose : la recherche du spectaculaire, le désir de voir pou voir, notre satisfaction, etc.

Un reproche de Dieu aux incrédules c'est de ne pas le reconnaitre comme Dieu et de ne pas lui rendre gloire devant l'évidence de sa puissance, de sa sagesse, de son intelligence, de ses perfections invisibles.

> *En effet, ce qui chez lui est invisible — sa puissance éternelle et sa divinité — se voit fort bien depuis la création du monde, quand l' intelligence le discerne par ses ouvrages. Ils sont donc inexcusables, puisque, tout en ayant connu Dieu, ils ne l'ont pas glorifié comme Dieu et ne lui ont pas rendu grâce ; mais ils se sont égarés dans des raisonnements futiles, et leur cœur sans intelligence a été plongé dans les ténèbres. Romains 1.20*

Nous sommes appelés à servir à la gloire de Dieu

> *En Christ nous sommes aussi devenus héritiers, ayant été prédestinés suivant la résolution de celui qui opère toutes choses d'après le conseil de sa volonté, afin que nous servions à la louange de sa gloire, nous qui d'avance avons espéré en Christ. Ephésiens 1.11*

Par notre façon de vivre :

> *Ayez au milieu des païens une bonne conduite, afin que, là même où ils vous calomnient comme si vous étiez des malfaiteurs, ils remarquent vos bonnes oeuvres, et glorifient Dieu, au jour où il les visitera. 1 Pierre 2:12*

Par notre témoignage oral :

> *Si quelqu'un parle, que ce soit comme annonçant les oracles de Dieu; si quelqu'un remplit un ministère, qu'il le remplisse selon la force que Dieu communique, afin qu'en toutes choses Dieu soit glorifié par Jésus-Christ, à qui appartiennent la gloire et la puissance, aux siècles des siècles. Amen! 1 Pierre 4:11*

Par l'exaucement de nos prières

> *et tout ce que vous demanderez en mon nom, je le ferai, afin que le Père soit glorifié dans le Fils. Jean 14:13*

Par les œuvres de notre foi :

Il s'agit des œuvres dont Jésus parle concernant ceux qui croient en Lui:

> *En vérité, en vérité, je vous le dis, celui qui croit en moi fera aussi les œuvres que je fais, et il en fera de plus grandes, parce que je m'en vais au Père; Jean 14.12*

Les guérisons et les miracles glorifient Dieu :

> *Et il lui imposa les mains. A l'instant même elle se redressa et se mit à glorifier Dieu.*

> *Il approchait déjà de la descente du mont des Oliviers lorsque toute la multitude des disciples, tout joyeux, se mirent à louer Dieu à pleine voix pour tous les miracles qu'ils avaient vus. Luc 19:37*

La pratique des dons du Saint-Esprit glorifient Dieu :

> *Car ils les entendaient parler en langues et glorifier Dieu. Actes 10.46*

Certains disent : A quoi servent les miracles ? Et ils ajoutent : On peut très bien vivre sa vie chrétienne sans cela. On peut réponde que si Dieu a voulu que des miracles se produisent c'est qu'ils sont nécessaires.

Ils glorifient le Seigneur, ils font partie de sa gloire et contribue a ouvrir les cœurs à la foi :

> *Tel fut, à Cana en Galilée, le premier des miracles que fit Jésus. Il manifesta sa gloire, et ses disciples crurent en lui. Jean 2:11*

Ils confirment la prédication de la Parole du Seigneur : Marc 16.16/20 - Actes 14.3

Ils rendent attentifs à la Bonne Nouvelle de Jésus-Christ : Actes 8.6

Ils amènent beaucoup de personnes à la foi en Jésus et à la conversion au Seigneur : Actes 9.35 - 9.42.

Ils servent à fonder la foi non sur la sagesse des raisonnements humains, mais sur la puissance de Dieu : 1 Corinthiens 2.1/5.

Ils témoignent que Jésus est le seul Sauveur et le Seigneur ressuscité, vivant, glorifié par Dieu, son Père : Actes 3.6 et 3.13

Nous pouvons trouver, dans les Écritures, bien d'autres raisons de l'utilité des miracles, entre autres celle que Dieu ne donne pas des choses inutiles, mais que tout ce qu'il promet et donne sert à sa gloire et édifie ses enfants.

Conclusion

Avec ce chapitre se termine le dossier : Connaître Dieu. Il y a certainement beaucoup d'autres choses à dire et a découvrir, mais nous avons déjà dans ces pages un enseignement qui peut nous faire grandir dans la connaissance Dieu, dans la confiance en Lui, nous aider à l'aimer davantage, à mieux le servir, et ainsi glorifier son nom.

Si quelqu'un parle, que ce soit comme annonçant les oracles de Dieu; si quelqu'un remplit un ministère, qu'il le remplisse selon la force que Dieu communique, afin qu'en toutes choses Dieu soit glorifié par Jésus-Christ, à qui appartiennent la gloire et la puissance, aux siècles des siècles. Amen! 1 Pierre 4:11

Oui, je veux morebooks!

I want morebooks!

Buy your books fast and straightforward online - at one of the world's fastest growing online book stores! Environmentally sound due to Print-on-Demand technologies.

Buy your books online at
www.get-morebooks.com

Achetez vos livres en ligne, vite et bien, sur l'une des librairies en ligne les plus performantes au monde!
En protégeant nos ressources et notre environnement grâce à l'impression à la demande.

La librairie en ligne pour acheter plus vite
www.morebooks.fr

OmniScriptum Marketing DEU GmbH
Heinrich-Böcking-Str. 6-8
D - 66121 Saarbrücken
Telefax: +49 681 93 81 567-9

info@omniscriptum.com
www.omniscriptum.com

www.ingramcontent.com/pod-product-compliance
Lightning Source LLC
Chambersburg PA
CBHW020809160426

43192CB00006B/507